WIZARD

The Little Book of Stock Market Cycles

by Jeffrey A. Hirsch

アノマリー投資

市場のサイクルは永遠なり

ジェフリー・A・ハーシュ[著]
長尾慎太郎[監修]
山口雅裕[訳]

Pan Rolling

Japanese translation published by arrangement with John Wiley & Sons International Rights, Inc. through The English Agency(Japan)Ltd.

監修者まえがき

本書は、「ストックトレイダーズ・アルマナック」（以下、「アルマナック」）の編集長であるジェフリー・A・ハーシュによる“The Little Book of Stock Market Cycles”の邦訳である。ここで「アルマナック」は米国株式市場の季節性やアノマリーの統計の詳細を記載したカレンダー（年鑑）で、すべての株式投資家にとって必携の書である。ハーシュは大変意義のあるこの仕事を親子二代にわたって続けてきた。

実際、私たち投資家はこの親子の努力と慧眼に多くのものを負っている。今でこそ、あまたの投資家がマーケットの季節性やアノマリーの重要性に着目するようになったが、これらはすべて「アルマナック」から始まったのである。ちょうどビル・ジェームズの個人的な業績である「ベースボール・アブストラクト」が、セイバーメトリクスを生み、さらにはメジャーリーグの野球そのものに革命をもたらしたように、ハーシュ親子は統計的分析によって株式投資の世界観を大きく変えたのだ。

本書は、ハーシュ親子の長年にわたる研究・分析の集大成である。とは言っても、ここで使われている統計的指標は「平均」だけだ（驚くことに、一般的によく使われる「分散」すらも登場しない）。したがって、子供でも分かるくらい内容は簡単である。しかし、複雑であることが正確さを意味しないのと同じように、単純であることは本書の価値をいささかも減じるものではない。むしろ、しっかりした知識に裏づけられた解説によって、本書の内容はほとんどの相場書をはるかに凌駕している。これを読むと、株式投資に真に必要なのは、小難しい理屈などではなくて、自律的なものの見方・考え方と素直な行動様式だと思い知らされることになる。ぜひ「アルマナック」と合わせてお読みいただきたい。

翻訳にあたっては以下の方々に心から感謝の意を表したい。翻訳者の山口雅裕氏は分かりやすい翻訳を、そして阿部達郎氏は丁寧な編集・校正を行っていただいた。また本書が発行される機会を得たのはパンローリング社社長の後藤康徳氏のおかげである。

2013年２月

長尾慎太郎

ジェニファーと２人の息子、サムソンとナサニエルにささげる

◇目次◇

まえがき

ファンダメンタルズ志向の投資家がテクニカル分析に特化した本のまえがきを書くとは奇妙だ、と思われるかもしれない。結局のところ、ファンダメンタル分析に基づく投資家の多くは、テクニカル分析なんて占いにすぎないと見ている。

そして、テクニカルアナリストたちなんて幽閉して、子供たち（それに、子供のように行動する投資家やトレーダーたち）から遠ざけるべき魔法使い同然なのだとみなしている。

ところが、ファンダメンタル分析に基づく投資家である私がここで、そのテクニカル分析をしている。

実のところ、投資という仕事は複雑である。投資をピラミッドとみなして、それぞれの斜面が異なる手法を表していると考えよう。すると、それらはファンダメンタルズと価値評価とテクニカル分析だと分かる。

本書の著者であるジェフリー・ハーシュがこの本で雄弁かつ簡潔に発表していることは、「テクニカルズ」と呼ばれる、証券に対する影響である。

ウィンストン・チャーチルはかつて、「過去を遠くまで振り返ることができるほど、未来を遠くまで見通せる」と書いたが、ハーシュの思慮深い本書はチャーチルのこの言葉を手掛かりにしている。

ハーシュが書いたように、株式市場の歴史から得られる教訓は貴重だ。昔から続くパターンを調べると、未来のトレンドが一層明らかになる。逆に、歴史を振り返ることを避けると、投資の健全性を大きく損なう恐れがある。

ミスターマーケットと付き合うのは簡単ではない。マーケットの歴史やそのサイクルのリズムを分析するのはやさしい仕事ではない。ましてや、ハーシュのような仕事をするのは特に難しいのだ。人間の行動や休日、選挙、季節、暦が株式市場の方向に影響を及ぼす際にどういう役割を果たしているかを判断するには、慎重な観察と批判的思考が必要だ。平和と戦争の役割でさえ、彼の分析にはうってつけの材料だ。

そして、彼は株式市場の超強気相場において、2010年５月に途方もない予言を行った。彼は2025年までにダウ平均が３万8820ドルまで上昇するかもしれないと考えているのだ！

彼がどうして2017年から2018年の間に新たな強気相場が始まると考えるのかを知るとよい。彼の信念は固く、推理は堅実に思える。

本書で彼は時の試練に耐えてきた市場パターンをどう利用すべきかについて、良識あるメッセージと貴重な教訓を示している。個人投資家も機関投資家も注目したほうがよい。

結局、過去を思い出せない人は、同じことを繰り返すしかないのだから！

ダグラス・A・カス（シーブリーズ・パートナーズ・マネジメント）

はじめに

簡単にトレードや投資ができるようになる魔法の公式はどこを探してもない。リサーチと経験とかなりの運に取って代わるものなどないのだ。しかし、投資家が損失を減らしてリターンを増やすために使えるトレード手法ならある。19世紀の哲学者ジョージ・サンタヤーナはかつて、「過去を思い出せない人は、同じことを繰り返してしまう」と言った。

私の父イェール・ハーシュによって1966年に創刊されたストック・トレーダーズ・アルマナックを編集するとき、私はこの言葉をリサーチの基礎にしている。歴史的な視点に立って市場の分析や研究をすれば、現代の市場の動きやイベントも歴史的文脈で見ることができる。短期トレーダーであれ長期投資家であれ、年月や季節に現れるパターンや傾向を知っておくと役に立つ。

本書は、ストック・トレーダーズ・アルマナックが50年近くにわたって、苦心して綿密に調べ上げてきた指標やパターンや季節性のうち、最も有効なものをまとめたものである。市場の歴史を学ぶ人は、きっとそれから利益を得るはずだ！

トレードや投資で成功するためには、市場が通常どのように振る舞うのかを理解しておかなければならない。長期トレンドが強気のときでも弱気のときでも、ウォール街は時の流れに支配された、予測可能なリズムに合わせて動いている。例えば、４年ごとの大統領選挙や四半期末のポートフォリオの入れ替え、オプションの満期日と先物の納会、税務申告の期限、休日など、繰り返されるイベントはトレーダーや投資家に分かりやすい影響を及ぼす。

請求書の支払い、夏休み、休日の買い物、給料からの年金の天引きといった人々の日常は、マーケットに消すことのできない影響を及ぼす。人は習慣に縛られているものだ。仲間のトレーダーや投資家の習慣を知れば、かつては単なる偶然と片づけていた市場のイベントも、結末が明らかな展開に見えるだろう。「高頻度トレード」や4Gスマートフォンによるコミュニケーションが当たり前となった今日の世界においてさえ、昔ながらの日々の生活規則のほうが優勢で、株式市場の日中の動きを形成しているのだ。

私たちの祖先がウォール街のアメリカスズカケノキの下に集まって、株を売買し始めたとき以来、市場外のイベントは国内で起きたか海外で起きたかを問わず、市場に影響を与えてきた。地政学的に激しく揺れ動く今日において、平和時の市場と戦時の市場との違いを理解できない投資家はいいカモになるだけだ。市場が毎回同じ反応を見せることはけっしてない。だが、過去にどういう動きをしたかを知っておけば、将来に危機が起きたときに、エッジ（優位性）が得られるだろう。

しかし、パターンや傾向は移り変わるものなので、これは精密科学とは異なる。文化の大きな変化や科学技術は、市場とその性質に重大な影響を及ぼしてきた。８月は農業の影響で、1900年から1951年までは１年で最高の月だった。しかし、農家がアメリカ国民の２％に満たない現在、８月は最悪の月のひとつになっている。科学技術の進歩によって出来高は増え、市場の反応スピードも著しく上がった。1965年にはNYSE（ニューヨーク証券取引所）の１日の出来高は数百万株だったが、現在では数十億株にまで増えている。

株式市場が過去にどう動いたかを頭にたたき込んでおけば、主要な天井と底で現れるモメンタム（勢い）の変化をこれまで以上に見極めることができる。また、トレードは前よりも実り多くて利益を出せるようになるし、長期投資でもより早く安全に資産を増やしていけるだろう。この本は、市場の動きとそれをどうやって投資戦略に取り込めばよいかを伝えるものだ。

パトリック・ヘンリーが「自由を与えよ、然らずんば死を与えよ」という有名なスピーチの中で言ったように、「過去によらずして、未来を判断する方法を私は知らない」。市場のサイクルやパターンは過去とぴったり同じように繰り返されるわけではない。しかし、宇宙の自然現象と同じように、それらは確かに極めて似通っている。

何が市場を動かすのか、また、人の営みや文化活動のパターンに市場はどう反応するのかについて、私は限られた紙数の範囲内で基本的な枠組みを説明した。厳密な計算に基づいた相場サイクルの独断的な理論を、私はやみくもに受け入れたりしない。スタンダード・アンド・プアーズ社で働いている私の親友サム・ストーバルと同じように、私は歴史を指針として使うのだ。

株式市場に現れるサイクルは厳密なものではなく、科学であると同時に芸術でもあるということを、常に忘れないようにしよう。大衆に向かうことだ。特定のサイクルか水準の影響を受けているとか、特定の結末に向かって動いていると、皆が一致して強く確信しているときには、相場は進路から揺れ出て、市場参加者のほんの一部の人しか予想していない動きをしやすいものだ。

これらのサイクルやパターンを投資心理やトレード心理にしっかり組み込んだら、現在の市場のさまざまな要素に目を向けなければならない。常識やテクニカル指標、ファンダメンタルズ、逆張り思考を駆使すれば、将来の成功が期待できるだろう。

慎重にトレードをして賢明に投資し、歴史を案内役に使おう！

第1章　本音で語る
――強気相場と弱気相場の背後にある意味と歴史を探る
Cutting through the Bull

「上げ潮はすべてのボートを持ち上げる」という格言を聞いたことがあるだろうか？　経済状態や金融市場について使われるとき、これは好景気ではだれもが以前よりもうまくいき、ほとんどの株が強気相場で好成績を上げるという意味を表す。逆に言えば、引き潮ではすべてのボートが落ちてしまうということになる。ほとんどの人は景気後退で苦痛を感じるし、弱気相場では大量の株が値を下げる。

私が市場の動きを的確に判断しても、自信過剰に長く陥らないようにするために、私はもうひとつの格言、「投資の才能は株式市場の上昇あってのものだ」を忘れないようにしている。この言葉は有名な経済学者ジョン・K・ガルブレイスと伝説的な投資家ジョン・テンプルトン卿が言ったと思われている。これを言い換えると、「強気相場を自分の才能と勘違いするな」

ということだ。

強気相場なのか弱気相場なのかが、株価と投資ポートフォリオの価値に唯一最大の影響を及ぼす。そのため、投資家はこの２つの見極め方を知っておくことが欠かせない。2008年にあなたのポートフォリオはどうなっただろうか？　あなたが株を空売りした超大物のヘッジファンドマネジャーでないかぎり、ポートフォリオの評価額はほとんどの投資家や一流ファンドマネジャーと同じように、おそらく半減しただろう。逆に、私と同じように、2008年の初めにあわててパニックを起こしていたら、損失を最小限に抑えて、債券や現金の形で嵐を乗り切っていただろう。

今が強気相場なのか弱気相場なのかという判断に加えて、それがどういうタイプの強気相場や弱気相場なのかを知っておくことも同様に重要である。解説者は多くの異なる用語を使って市場について説明する。そのため、それらが何を意味するのかを知っておくことも重要だ。現在は弱気の長期トレンドにあり、この状況が2000年から続いている、と言われている。しかし、これはどういう意味なのだろうか？

相場を説明する言葉

これは、いよいよ強気相場が始まって、新たな長期トレンドになるという意味だろうか？　それとも、2000年からの弱気相場が支配している長期トレンドのなかで、短期的な上昇サイクルが現れるのだろうか？　この重要な問いに答えられたら、目先から今後の数年間にどういう相場展開が予想できそうか、もっと良く理解できるだろう。また、あなたが市場を説明する言葉になじみがないのなら、急いで身につけたほうがよい。

それでは、「secular」と「cyclical」という重要な２語の定義から始めよう。オックスフォード英語辞典によれば、「長期トレンドの（secular）」とは「変動またはトレンドがある。限りなく起きるか持続する。周期的でも短期でもない」という意味だ。そして、「シクリカル（cyclical）」とは、「決まった波長のサイクルに沿っている」という意味だ。

しかし、相場に関して、長期トレンドとシクリカルを定義しようとすると、不確かなものになる。それは金融市場が変化しやすいからだ。これらの市場は不完全な人間が動かしているということを忘れないでおこう。今や多くのトレードがコンピューターで生成されているが、コンピューターやそれを動かすソフトウエアを設計して作り出す大本は、感情を持つ人間のニーズや欲求、欲望、イラ立ち、うらやましさ、復讐心、愛、憎しみ……、言いたいことはもう分かっただろう。

そのため、株式市場の長期トレンドやシクリカルのパターンはほかの多くの分野よりも緩やかなルールに合わせて変動し、従うのだ。強気相場や弱気相場の定義については、多くの議論がある。しかし、簡単に言えば、長期トレンドは長く、普通は10年以上続く。一方で、シクリカルは10年も続かず、普通は５年以下である。20世紀で最長のシクリカルは、1990年10月～1998年７月までの８年間だった。このシクリカルは、1982～2000年まで続いた長期の強気相場に含まれていた。

NDR（ネッド・デイビス・リサーチ）の著名なチームは、50暦日後のダウ平均株価が30％上昇しているか、155暦日後に13％上昇していると、上昇相場に分類している。同様に下降相場では、50暦日後のダウ平均株価が30％下落しているか、145暦日後に13％下落している必要がある。また、1965年以降のバリューライン株価指数が反転後に30％上昇したか下落した場合も、上昇相場か下降相場の条件としている。

S&P500では、20％の上昇か下落で上昇サイクルか下降サイクルとみなす。株価平均の20％の動きは主要な基準だが、ほかの二次的な問題（期間、長期移動平均線に対するS&P500の位置など）も考慮する必要がある。

しかし、強気相場と弱気相場の長期トレンドを定義するためには、既成概念にとらわれない考え方をする必要がある。私の計算では、長期トレンドはおよそ８～20年続く。株式相場で、新高値後に安値を切り上げる動きが長期にわたって繰り返されるとき、私は強気相場の長期トレンドと分類する。弱気相場の長期トレンドは長引く軍事行動や金融危機に影響を受けることが多く、重要な新高値を付けることができない（戦争と平和が相場にどういう影響を及ぼすかについては、第２章で説明する）。また、長期トレンドのなかで現れる上昇サイクルと下降サイクルを分析すれば、強気であれ弱気であれ、その長期トレンドの性質を確かめることもできる。

長期トレンド中での動きを見る

図1.1では、ダウ平均が考案された1896年以降の長期トレンドを８期に分けた。弱気の長期トレンドの期間はアミを掛けたボックスで強調している。

強気の長期トレンドだった４期間は1896～1906年、1921～1929年、1949～1966年、1982～2000年である。弱気の長期トレンドだった４期間は1906～1921年、1929～1949年、1966～1982年、それに2000年から現在までだ。私たちは強気の長期トレンド期間中に現れた、短期の上昇と下降のサイクルをすべて集めて、弱気の長期トレンド期間中に現れた短期サイクルと比較した。

1896年以降に長期トレンドが強気だった期間中の上昇サイクルでは、ダウが平均して105.4％上昇している。また、この上昇サイクルは長期トレンドが弱気だった時期のものよりも、平

図1.1　1896年以降の長期トレンド

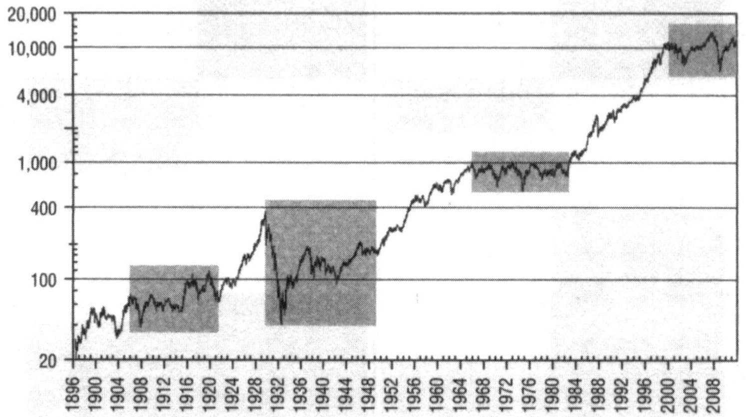

均して60％大きく上昇し、２倍近く長く続いた。また、下降サイクルは、長期トレンドが弱気だった時期のほうが平均して50％大きく下落し、２倍近く長く続いた（**図1.2**を参照）。

背景を見ておくと、第２次世界大戦以来、長期トレンドが弱気だった時期の上昇サイクルは軟調だった。第２次世界大戦は経済と市場に地殻変動をもたらした。大戦前のアメリカは主として農業経済国だった。しかし、戦後は軍産複合体が形成されて、それが科学技術の原動力となった。今後のアメリカがどうなるかは、まだ分からない。

図1.2　1896年以降のダウ平均で見た長期トレンドの平均

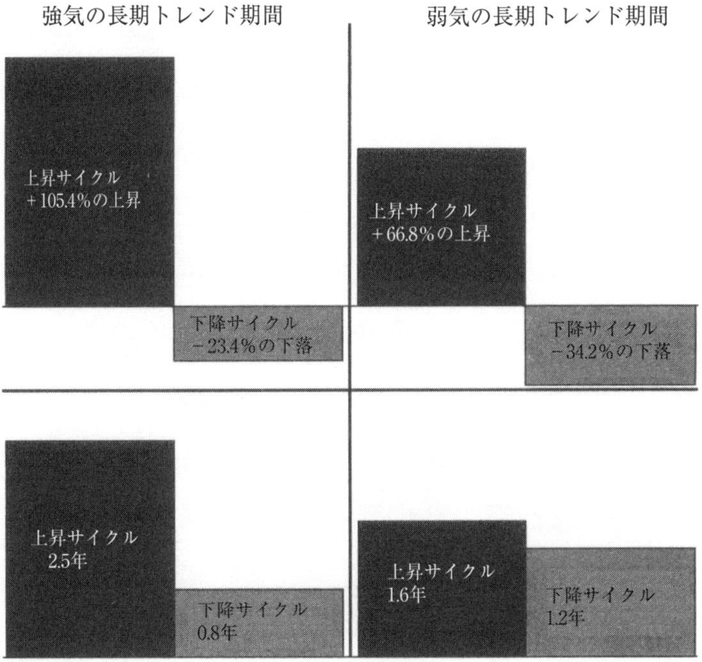

一般的に、強気の長期トレンド期間における特徴は、短く力強さに欠ける下降サイクルと長く力強い上昇サイクルが見られることだ。逆に、弱気の長期トレンド期間には、弱くつかの間の上昇サイクルと長引く下降サイクルが現れる。この下降サイクルでは激しく始末に負えない急落やダマシの戻り、全面安、底での無残なトレードで満ちあふれ、一般投資家の株への関心

も薄くなる。

私たちは2000年に天井を付けて以降の現在の相場を、弱気の長期トレンド期間とみなしている。2000年から2011年まで、ダウ平均には29.7％、31.5％、53.8％、16.8％の下落という４回の下降サイクルと、29.1％、94.4％、95.7％の上昇という３回の上昇サイクルがあった。これは1929～1932年以降の弱気の長期トレンド期間で、最長の上昇サイクルと最悪の下降サイクルの記録となっている。2009年３月から2011年４月までの上昇は95.7％と強烈だった。この期間は全上昇サイクルのうちで平均的な長さである２年をわずかに超えるものだった。これは1929～1949年の弱気の長期トレンド期間に現れた、1934～1937年と第２次世界大戦中の1942～1946年の上昇サイクルを思い出させる。私は大恐慌期のように長引く弱気相場に直面しそうだとは思っていない。しかし、強気の長期トレンド期間が新たに始まったという確信も持っていない。

少しおしゃべりをしよう

ダウが考案されて以来の強気相場と弱気相場の歴史を学んだので、私たちが本当に知りたいことは、金融危機後の落ち込みから抜け出せる、次の大きな長期の強気相場はいつから始まりそうかということである。新しい強気の長期トレンドが出現して、永続的な繁栄が支配的になるには、比較的に平和な期間が長く続く必要がある。

ひとつの問題は、アメリカがアフガニスタンという海外での長引く軍事行動にまだかかわっていることだ。良いニュースとしては、アフガニスタンの駐留は段階的に縮小されつつあることだ。そして、ビン・ラディンが死んで、「アラブの春」が開花したため、テロとの広範囲での戦いは食い止められている。むろん、その地域やそのほかの世界の紛争地帯における私たちの問題は解消した、と無邪気に考えるわけにはいかない。それでも、少なくとも軍の実戦部隊の大規模配備は縮小され、新聞の大見出しを独占することもなくなった。

これは1906～1921年（第１次世界大戦）、1929～1949年（第２次世界大戦）、1966～1982年（ベトナム戦争）と、これまでのすべての弱気の長期トレンド期間に常に現れるテーマだった。確かに、弱気の長期トレンドのきっかけとなる最初のイベントが必ずしも戦争というわけではない。だが、新たな強気の長期トレンド期間に入るのは、いつも戦争が終わり、戦後のインフレが始まってからのことだった。

最後に、これまでの強気の長期トレンド期間では常に、革新的な技術か文化の変容という、パラダイムの大きな変化を伴っていた。1896年までに東海岸と西海岸は鉄道でつながれ、商業や貿易や人々の流れはかつてないほど激しくなった。狂乱の

1920年代には、映画業界が「トーキー」の出現で世界に影響を与える一方で、リンドバーグとエアハートが飛行機で大西洋を横断して世界を魅了し、中流階級は自動車の普及によって束縛から解き放たれた。

第２次世界大戦後の強気相場の時期には大量消費が当たり前になり、ベビーブームが起きて、人口は爆発的に増えた。そして、アメリカはヨーロッパと日本の再建を助けた。宇宙計画と無数の産業技術の革新が経済成長に拍車をかけ、テレビが世界中の人々をつないだ。情報化社会の到来は1980年代と90年代の超強気相場の原動力になった。パソコン、長距離通信、インターネットは個人や社会の能力を高めて自由にした。だが、何が次の好況を引き起こすかは、そのときにならないと分からない。

明日がどうなるかを予想する

それで、今後はどうなるのだろうか？　新しい革新的技術も文化が変化する兆しも見えないし、アメリカ軍はまだ海外に深くかかわっているので、それはまだ明らかではない。

おそらく、アメリカがイラクとアフガニスタンから最終的に撤退して、イランやほかの地に軍隊を派遣しないで、流れを一変させる新たな革新か生活様式に世界が飛びつけば、新しい強気の長期トレンドが始まるだろう。今のところ、現在の取引レンジにとらわれたまま、この弱気の長期トレンド期間で下降サイクルを1回か2回、経験する可能性が一番高そうだ。そうなると、株式相場は今後5～6年で20～30％下げる可能性がある。

まとめ

●強気相場なのか弱気相場なのかが、株価に唯一最大の影響を及ぼす。

●長期トレンドは長く、通常は８年から20年続く。これに対して、相場のサイクルは短期的で、２～３カ月から数年しか続かない。

●強気の長期トレンド期間に現れる下降サイクルは、たいてい短期的で深押しをしない。逆に、上昇サイクルは長く続いて力強い。

●弱気の長期トレンド期間に現れる上昇サイクルは、たいてい短期的で緩やかだ。逆に、下降サイクルは長引いて、下げもきつい。

第2章　戦争と平和
――戦争と平和（そして、インフレ）が相場に与える影響
War and Peace

株式市場で唯一、最も永続的な影響を及ぼすものは、間違いなく戦争である。アメリカが重大かつ長期的な軍の戦闘活動に巻き込まれているかぎり、株式市場で大幅な上昇が見られることはなかった。そのため、2001年９月の同時多発テロ攻撃後から10年以上に及ぶ外国との紛争が終わりに近づいているのは、市場にとって良い兆候である。

しかし、これは今日の相場にのみ当てはまることではない。戦争と平和やインフレの影響は、過去２世紀の間、活況と低迷の循環を生み出す原動力だった。戦時にはレンジ相場を生み、平時には相場を上げる要素は何だろうか？　答えは、インフレだ。政府は戦争中に国庫を空にする。また、国内の心配事や経済よりも、外国や戦争にかかわる問題に焦点を合わせる。結果として物価の持続的上昇、すなわちインフレが起きる。経済が

落ち着きを取り戻して、政府が国内問題に再び焦点を合わせたときに、初めて株式相場は新高値まで急上昇するのだ。

人間は習慣に縛られた存在

人間の歴史は、経済の活況と低迷や、社会の盛衰の話で満ち満ちている。紀元０年よりもはるか前に始まった複雑な諸文明は数千年間にわたって、巨大建造物や革新的な技術、教育、文学、数学、科学、哲学において文化的な偉業を達成したが、結局は消滅した。ローマ帝国は衰退して、暗黒時代が５世紀にわたってヨーロッパを覆った。漢王朝は新たな王朝に取って代わり、マヤ文明は姿を消して、ソビエト連邦は崩壊した。科学技術は途方もなく進歩したが、現代文明は依然として不安定なままだ。20世紀と、これまでのところは21世紀もだが、人類社会を形作るのに、はるかに大きな力を持っていたのは戦争と金融恐慌だった。

古代の独創性や慣習は現在栄えている文化や社会に組み込まれていて、先祖がかつて住んでいた場所で暮らす人々に尊ばれている。ファラオが滅びて久しいが、ギザのピラミッドはいまだに観光客にも考古学者にも人気の遺跡だ。メキシコ人は今でも羽毛を持つヘビ神、ケツァルコアトルのアステカ創造神話をたたえている。メキシコシティから北東約50キロに位置するテオティワカンでは、１世紀に建造された世界で３番目に大きなピラミッドである太陽のピラミッドで、カリフォルニアのヒッピーたちが太陽を礼拝している。

古代ギリシア文化は西洋文明に浸透している。ヨーロッパが植民地にした地域で経験して受けた影響は、旧植民地世界の至る所に残っている。例えば、アメリカ全域のショッピングセンターやフィットネスクラブで行われているヨガは、現在のパキスタン、インド、アフガニスタン、イランにまたがるインダス文明で4000～5000年前に始まった伝統的な修行を起源とする。このような驚くべき歴史を通じて、人々の境遇は激動と安定を繰り返してきた。

暗黒時代には中世の征服、蛮族の侵入、十字軍、宗教的熱狂が長期にわたって続いたあと、ルネッサンス、啓蒙主義の時代、二度の産業革命、鉄道ブーム、南北戦争後の金ピカ時代に道を譲った。経済が飛躍的な拡大と成長を見せた18世紀と19世紀は多くの戦争や恐慌、不況に苦しんだ。

アメリカ革命と、この大国の誕生は大幅なインフレを引き起こしたが、その後の1783年から1792年までの９年間は繁栄と世界平和が続いた。それから、国際紛争と内戦が世界に暗い影を投げかけた。驚くほど広範囲に及ぶ科学技術の成果は企業家や大事業家、大資本家に膨大な富をもたらした。しかし、戦争と金融恐慌によって、中流階級の発展は断ち切られた。1869年に完成した大陸横断鉄道が東海岸から西海岸までをつなぐと、南北戦争によってもたらされた激しいインフレは1863～1873年の再建期における好況の一因となった。

1873年の金融恐慌によって、アメリカで大不況と呼ばれる世界的な不況が始まり、それが1896年まで続いた。全米経済調査会は1873年10月から1879年３月までの不況を65カ月としていて、記録としては最長である。それは大恐慌のときの43カ月の不況の期間を上回っている。1873年の恐慌の時期と同様に、激しい投機や鉄道の過剰な建設、怪しげな融資慣行が1893年の不況を招き、その後５～６年間は２けたの失業が続いた。

19世紀も終わりに近づいたころ、電報や鉄道、電話、内燃機関、自動車、遠洋定期船、電球、ラジオが出現し、一部の人から「これまでで最も素晴らしい世紀」と呼ばれる時代の基礎となった。戦争と平和、熱狂と不景気、インフレと技術革新はいつでも経済と繁栄と相場に影響を与えてきた。だが、私たちが初めて一貫して追跡可能な指数を手にしたのは、ダウ平均が1896年５月26日に初めて発表されたときだった。それによって、景気変動や経済の健全度や成長の見通しを、長期にわたってリアルタイムで客観的に判断できるようになったのだ。

ダウ平均はこれまでに考案された金融市場の尺度のなかで、最も広く使われているベンチマークだが、1913年のFRS（連邦準備制度）の創設と中央銀行業務の出現に伴って、その後の数十年間も発展し続けた。有名なアメリカのユーモア作家のウィル・ロジャーズはかつて、「この世が始まって以来、偉大な発明が3つあった。それは、火とハンドルと中央銀行だ」とからかった。

歴史はけっして同じことを繰り返さない、しかし、20世紀の大きな3回の戦争中に株式相場がどう動いたかを理解すれば、イラクとアフガニスタンでの戦争が徐々に静まりつつあり、広範囲に及ぶテロとの戦いやアラブの春――2010年12月にチュニジアで始まり、今日ではシリアで最も目立っているが、アラブ世界に吹き荒れる市民による反乱という形の革命の波――のさなかにある現在の相場について、重要な洞察が得られるだろう。

戦争――それは何の役に立つのか？

アメリカが戦争にかかわっているときに、ダウ平均が高値を維持したことは1回もなかった。相場が大きく上放れしないのは、投資家の熱意が高まらないせいだと考えられる。相場がレンジを上にブレイクしようとするたびに、戦争などの危機に関連するネガティブな出来事が市場外で起きて、必ず水を差すのだ（景気循環か経済の弱さか政治のせいで、すでにそうなっていないとして）。こういう時期でも相場は1973年と2007年にあったように、前の高値をほんのしばらく更新することがある。

だが、その値動きは短くて、持続しなかった。

軍事力は相場の支えになる。当初は、再び戦争が始まったことに驚きの反応を見せるが、相場は早いうちに、戦前の安値か前の下落で付けた安値近くで底値を形成する。政府支出、投資家の安値拾い、古き良きアメリカの誇りも相まって、相場は戦争初期の安値を大きく下に抜けずに済んできた。第１次世界大戦が始まった1914年７月30日に、ダウ平均は6.9％下げて52.32ドルの安値を付けた（1916年９月にダウ平均の構成は12銘柄から20銘柄に変わったので、それが反映されるように以前のデータを調整した）。その安値を再び付けたのは、第１次世界大戦からずっとあとの1932年と33年の大恐慌になってのことだった。

1938年３月31日に付けた第２次世界大戦前の安値の98.95ドルを、わずか１％にも満たないとはいえ、超えたのは、日本が真珠湾を爆撃して４カ月と３週間後の1942年４月28日のことだった。この日に、OPA（価格管理局）はアメリカのほとんどの商品とサービスの価格を凍結した。そして、フランクリン・ルーズベルト大統領は1933年３月の就任直後から、1944年６月のノルマンディー上陸作戦の直後まで行った30回の「炉辺談話」のうち、21回目をこの日にラジオで流した。「犠牲について」という題のこの談話は、太平洋での損害とヨーロッパの不確実性に焦点を合わせていた。彼は国民に、戦争中は不屈の精神を保つようにと頼み、わが国は戦争を遂行する必要がある。国民すべてが身をささげなければならないのだ、と発言した。

鉄鋼価格の引き上げに対してケネディ大統領は断固たる処置を取った。この出来事はウォール街を揺るがして、1962年６月にダウ平均は27％下落し、535.76ドルを付けた。この安値は、その年の後半に起きたキューバ危機、ベトナム戦争、1970年代のスタグフレーション（不況下のインフレ）、1980年代初期の２回の景気後退でも持ちこたえた。

相場は良いニュースが続けば上昇するし、悪いニュースが続けば下落する。また、戦争初期のほうが反応しやすい。長い戦闘が終わるころには、投資家はニュースに反応しなくなるようになる。また、相場は戦争の終わりを予測して、高値を付ける。このためもあって、和平が失敗すると失望は避け難く、相場はたいてい急落する。

戦時中の大統領は選挙で負けない。大統領は外国との戦争に関する政治的決定を大統領選挙に近い時期に行い、不人気な政策は再選後に回しやすい。一方で、選挙につながる良いニュースをできるだけ多く作り出そうとする。現政権が用いるレトリックは常に、状況は改善されつつあるというものである。一方、挑戦者は変化を求めるものだ。2008年にホワイトハウス入りした政党は共和党から民主党へと交代したが、それは国内問題、大統領の所属政党である共和党の候補者が弱かったこと、大統領自身の支持率の低さ、現職大統領も強い副大統領も出馬しなかったことが原因だった。1920年のハーディング、1932年のフランクリン・デラノ・ルーズベルト、1968年のニクソンと同じように、オバマも変化を主張して政権を取った。まだ分からないが、2012年にも同じことが当てはまるかもしれない。

2000年にインターネットバブルが崩壊して、イラク戦争が2003年３月19日に始まって以来、株式市場はレンジ相場から抜け出せていない。大きな上昇と押しはあったが、2000年以降に本物の上昇はなかった。しかし、1997年４月に付けたダウ平均の安値6391.69ドルを下に抜けてもいない。前の高値を永久に超える値動き――アメリカが関係したすべての主要な戦争から、次の戦争までの間に起きた500％以上の上昇――は今のところ起きていない。

図2.1は大局を示している。このグラフはダウ平均とCPI（消費者物価指数）を示したもので、第１次世界大戦、第２次世界大戦、ベトナム戦争を含む長期のレンジ相場の時期にはアミを掛けている。長期の素晴らしい好況と強気相場はカッコでくくり、ダウ平均のパフォーマンスを表示している。戦争とインフレとその後の相場の追い上げには無視できない相関関係がある。戦時を含むボックス圏はどれも、おおよそ同じ比率のレンジ幅である。これらは500％の上昇への発射台に見える。インフレと相場の追い上げには明らかに相関関係がある。第１次世界大戦時のインフレ（110％の上昇）に続く1920年代には、株価が

図2.1　インフレ後に続く500%以上の上昇

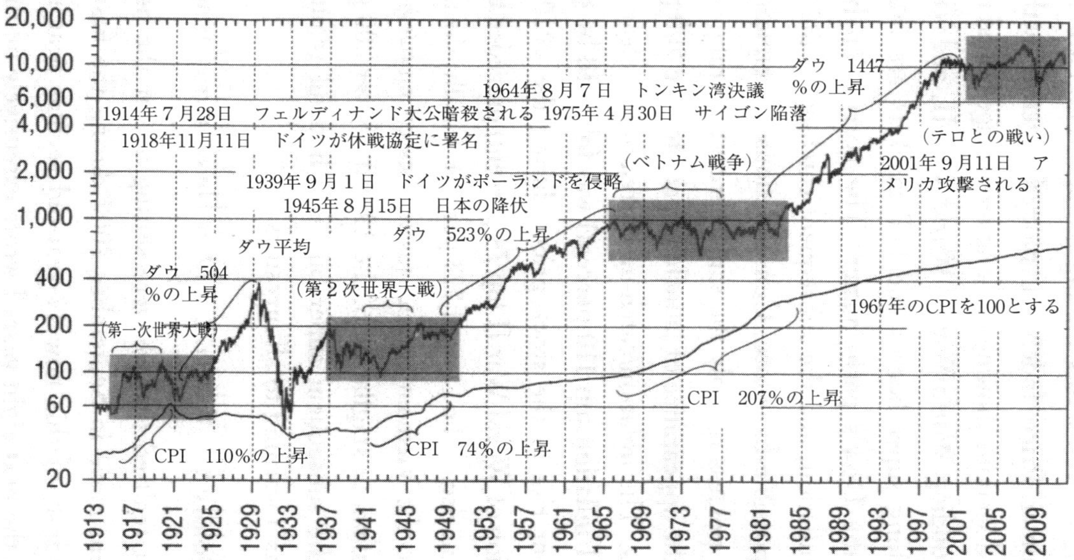

出所＝ストック・トレーダーズ・アルマナック
CPIの出所＝労働統計局

504％上昇した。第２次世界大戦時のインフレ（74％の上昇）は、その後のダウ平均の523％の上昇に先行していた。最後に、ベトナム戦争と、石油禁輸と1970年代の悪名高いスタグフレーションによる200％以上のインフレとそれ以降の超大型の強気相場は、すべての投資家への警告であると同時に、希望を思い起こさせる。

ダウ平均が史上最高値まで力強く上昇するために

次の500％の上昇の準備が始まっていると私が初めて気づいた2002年９月は、現在までに12年続いている弱気の長期トレンドで、最初に大きく下落したときだった。その後の８年間、私は相場が長期にわたって横ばいを続ける運命にあると、あちこちで書いた。これが結果として2010年５月に初めて発表した、私の超強気相場の予測となった。

これまでに述べた戦争、平和、インフレの相場サイクルに基づく私の分析では、ダウ平均は2017年か2018年まで、**図2.1**で示す現在のレンジ相場から抜け出せないだろう。そのころまでには、アメリカの主な戦闘活動は終結しているはずだし、世界は比較的に平和な期間に移っているだろう。インフレ率は高くなったあとに安定しているはずだ。そして、かつての車やテレビ、マイクロプロセッサーのように、今後に開発される技術が世界を変える寸前にあると思われる。

初めのうち、私たちは気づかないかもしれないが、次の好況はやがて水面下で進み、相場は500％という大きな上昇を見せるだろう。そして、ダウ平均は2025年までに３万8820ドルに達するだろう。1974年の底から好況が始まるまでには８年を要し、ダウ平均が500％上昇するまでは、さらに８年を要した。2009年３月６日の日中に付けた6470ドルの安値から500％上昇すれば、ダウ平均は2025年に３万8820ドルになる。これはとんでもない数字だと思われるかもしれない。しかし、2011年の終値である１万2218ドルからでは、年率でわずか8.6％にすぎず、過去の相場に照らし合わせると、平均的な年間上昇率の範囲なのだ。

まとめ

●戦争、平和、インフレは株式市場に消すことのできない影響を及ぼす。それらは活況と低迷の循環や、強気と弱気の長期トレンド期間の基礎となる。

●戦争が続く間、相場は一定レンジにとらえられて、新高値も維持できない。戦争が終わってインフレが安定するとき、平和と技術革新をきっかけに景気が上向く。相場はインフレを追いかけて、500％以上も急上昇することがよくある。

第３章　活況と低迷の１世紀
――20世紀の金融恐慌と経済の急成長
A Century of Booms and Busts

少しばかり過去を振り返って20世紀の歴史を調べれば、今日の長引く景気停滞や国際情勢の波乱がどのようにして解消される可能性が高いかについて、貴重な見通しが得られるだろう。周知のように、歴史は繰り返すものだ。もっとも、ぴったり同じとはいかないが……。現在の状況にはまったく新しい側面があるだけでなく、前の３回の不況のそれぞれ異なる側面に似てもいる。

次の好況の時期には、私たちの想像もつかないようなイベントだけでなく、初期の景気拡大と強気相場によくある特徴も現れるだろう。過去を調べると、同じことを経験したという錯覚に陥るかもしれない。次の10年に株価が新たな高水準まで上昇すると分かれば、将来についてもある程度、安心できるはずだ。2007～2009年の金融危機による後遺症が癒えたら、政府は再び効率的に動き始めて、成長と技術革新が促されるだろう。

世紀の変わり目

20世紀の金融市場は大荒れで始まった。国際競争の場が安定するにつれて、この世紀の世界的なボラティリティ性はかなり和らいでいった。しかし、初期のころは試練が多かった。1899年４月から1900年９月までの下落相場でダウ平均は31.5％下げたあと、新世紀が始まった。1900年にヨーロッパの圧政と混乱から逃げ出した移民は、１時間に100人の割合でアメリカに押し寄せた。

鉄道を支配しようとする闘いから、相場の過熱と暴落が引き起こされ、ダウ平均を48％押し上げた９カ月の短い上昇相場は、1901年の恐慌で終わった。その後、1903年のいわゆる金持ちの恐慌に至るまでの２年の不況と２年半の下落相場で、ダウ平均は46％下げて、20世紀での最安値を付けた。1903年11月から1906年１月までの２年以上の間にダウ平均は144％上昇して、上昇相場が支配的になった。ヘンリー・フォードは1903年にフォード・モーターを設立した。もっとも、T型フォードの生産が始まるのは1908年であり、自動車の普及によって世界に自由がもたらされるのは、第１次世界大戦後のことになる。また、1903年12月にノースカロライナ州キティーホークでライト兄弟が飛行機を飛ばしたとき、動力源になったのも内燃機関だった。

このミニ好況の間、ニューヨークの不動産価値は急上昇し、独占禁止の闘いが展開された。セオドア・ルーズベルトは1906年に、スタンダード・オイルを独占禁止法違反で提訴し始め、1911年に同社は結局、34社に分割された。1906年のサンフランシスコ地震も経済の重しとなった。そして、1907年のいわゆる銀行家の恐慌によって、1906年１月から1907年11月までにダウ平均は48.5％も下落して、半値近くになった。この金融危機の間、財務省は債券を買い戻して、相場の下落分を相殺した。また、相場が底を付けると、Ｊ・Ｐ・モルガンは株価を支えるために、ほかの銀行家を組織化して現金を注入した。これは、2008年にFRB（連邦準備制度理事会）が採った対策や政府主導の緊急援助と大差ない。

ダウ平均はその後の２年間で90％の上昇をしたが、1906年に付けた天井のすぐ下で上げ止まった。1925年まで、弱気の長期トレンドが定着して、ダウ平均は50ドル（1916年の新しいダウ平均に合わせて調節）と120ドルの間を動くというレンジ相場が続いたせいである。２年に及ぶ景気後退が、1910年１月～1912年１月と1913年１月～1914年12月の２回あり、経済と株式市場は停滞した。この間、連邦政府は有力な信託会社を支配し続けた。ヘンリー・フォードが組み立てラインにベルトコンベアを導入して、1913年に自動車の大量生産が可能になると、狂騒の20年代の超強気相場を支えた。第１次世界大戦が勃発すると、1914年７月末から12月初めまでの４カ月間、NYSE（ニューヨーク証券取引所）は閉鎖され、そこが大恐慌までの相場の下限となった。

第１次世界大戦

バルカン諸国間での２年間の戦争のあと、1914年６月28日にオーストリアのフランツ・フェルディナンド大公が暗殺され、第１次世界大戦へと発展した。世界中で紛争が勃発したために、非常に多くの同盟や野心がドミノ倒しのように広がった。1914年７月31日から12月12日まで、NYSEは閉鎖された。戦争の拡大の多くはこの期間に起きた。アメリカは第１次世界大戦の初期は中立を維持し、その後２年間にわたって連合国の戦費を支えたので、NYSEが再開されると上昇相場が始まった。

1915年１月19日にドイツがイギリスを空襲して、１月28日にアメリカの貨物船を沈めると、相場は一時的に下落した。また、ドイツのＵボートがイギリスの客船ルシタニア号を沈めて、1959人の乗客のうち1198人が死亡したときにも、株価は下落した。これによってドイツに対する国際世論が悪化して、アメリカの参戦につながる伏線のひとつになった。1916年１月にドイツがパリを空襲すると、６カ月にわたって市場は混乱した。しかし、市場の再開後にダウ平均は110.5％上昇し、1916年11月21日に付けた110.15ドルの史上新高値まで上げた。この最初の上昇相場が終わりを告げたのは、ウッドロー・ウィルソン大統領が1916年11月に再選されて、1916年12月にドイツが休戦交渉を行ってからのことだった。

戦争が悲惨さを増すと、1900年以降の10大下落相場の１つが起きて、その後の13カ月間でダウ平均は40％下げた。ドイツは交戦地帯を航行する中立国の船を攻撃し始め、1917年１月には無制限潜水艦作戦を実施した。アメリカは２月にドイツとの国交を断絶して、1917年４月６日に宣戦を布告した。

1917年６月にアメリカで徴兵が始まり、ウィルソン大統領がクリスマスの翌日にほとんどすべての鉄道を国家の管理下に置くと、下落相場は底を打った。連合国の勝利によって戦争は終結に向かうしかなかったので、ダウ平均は２年近くで81％以上も上昇した。現在では復員軍人の日として祝われている1918年11月11日の日曜日に、休戦協定への署名がなされた。しかし、1920年代の超大型の好況が始まったのは、1921年８月にアメリカとドイツとの間で最終的な講和条約が署名されてからのことだ。

狂乱の1920年代

アメリカが第１次世界大戦に参戦した1917年から1919年までの３年間に、政府支出は2500％も増えた。そのため、1915～1920年に消費者物価指数は110％上昇し、物価は２倍以上になった。1920年代にインフレは落ち着き、景気と株式相場は遅れを取り戻した。ハーディング大統領が選挙遊説で約束したように、政治は「ノーマルシー（平常）」に復した。躍動的な９年間に創造的な芸術が花開き、社会の道徳観は自由になり、投機によってダウ平均は1921～1929年に504％の上昇をした。平和、インフレ、政策協力、社会的・文化的活動の組織的な変化がその支えとなっていた。しかし、好況に火が付いたのは、数多くの革新的な技術が広まったおかげである。

禁酒法は酒の需要も飲酒そのものも、抑える役に立たなかった。それどころか、それは組織犯罪と投機熱をあおるという、話題にすることもはばかられる事態を生み出した。アメリカに対して、非常に大きな良い影響を及ぼしたのは憲法改正だった。1920年の憲法修正第19条で、女性に参政権が与えられたのだ。女性は投票できるようになっただけでない。この新たに与えられた平等によって、女性は働く意欲をいっそうかき立てられた。多くの家族が共働きをして、大量消費の新時代において、使える収入が増えた。

自由放任主義に基づく政府の成長政策によって、商工業は栄えた。しかし、1920年代の好況の原動力となったのは、中流階級が入手できるようになった新しい革新技術だった。文化の枠組みを変える唯一、最も重要な出来事は自動車の大量生産であり、それによって中流階級は車を買えるようになった。また、映画やラジオが急激に普及した。政府はすべての車が走れるようにと、道路建設の資金を出した。国中に電線と電話線が引かれた。発電所が建設されて、新しい工業や商業、建設が全国至る所で始まり、あらゆる規模の都市が発展した。

このような成長と技術革新から、向かうところ敵なしという雰囲気が生まれ、奔放な投機や無責任な金融活動が炎のように広がった。1923年10月～1929年９月の６年間には、1923～1924年と1927～1928年に２回の比較的穏やかな不況があったにもかかわらず、ダウ平均は着実に上げ続けた。６年の上昇相場でダウ平均は344.5％上げた。これは1990～1998年の294.8％の上昇よりもはるかに大きい。この相場が頂点に達したころには、個人投資家は10％の証拠金で株を買うことができた。

しかし、1929年10月28～29日に株式市場は暴落した。これは相場の過熱から生じたNYSEで史上最悪の暴落だった。ダウ平均は２日で23.0％、71日で47.9％下げた。すべての好況にも終わりが訪れる。しかし、これほど劇的な終わり方は以前にも以降にもなかった。とめどない投機と金融市場に対して、いい加減な監視しかしなかったせいだ。しかし、ここで得たはずの教訓はまだ十分に学ばれていない。

そして、不況が始まった

1929年の大暴落は71日と短く、1987年10月の暴落が起きるまでの58年間、最も短期の下落相場という記録を維持し続けた。1987年10月には１日で22.6％もの急落をして、1929年の２日の下落分にほぼ匹敵した。しかし、1987年の暗黒の月曜日のあとの下落相場は55日で終わり、その間にダウ平均は36.1％下げた。それは1980年代と1990年代の超大型好況での単なる一時的な現象にすぎなかった。1929年の暴落は下落の第１波にすぎず、中途半端な５カ月の上昇相場は1930年４月に失速した。

企業倫理に反する行為や金融のペテン行為がウォール街で急浮上し、下落は再び勢いを増した。1920年代の10年間に経済が急激に成長し、株式相場は華々しく上昇して、投機がとめどなく広がったあと、１日で何十億ドルもの富が失われた。その後遺症で、投資家からの信頼は何年も損なわれたままだった。株価の下落は非常に速くて破壊的だったので、商業は混乱して、破産、閉店、掛け売りの焦げ付き、失業、個人消費の低迷、銀行の破綻、厳しいデフレが生じた。

1930年には、カナダからテキサス州に至る北アメリカの大草原地帯を大干ばつが襲い始めて、農産物価格は高騰した。伝統的農業のまずさもあり、この干ばつでテキサス州北部からオクラホマ州に食い込む地域の内外は黄塵地帯へと一変し、1930年から1936年までに１億エーカーが荒れ地となった。株価は現代史では一度もなかった急落を見せて、フーバー大統領が在職した４年の間ずっと、２けたの下落を続けた。任期中に毎年、株式相場の下落を経験した大統領は、彼以外にだれもいない。

1932年７月８日に付けた安値までに、ダウ平均は価値の89.2％を失い、1929年の高値である381.17ドルの水準を超えたのは、25年以上もあとの1954年11月のことだった。1932年７～９月の61日という記録上最も短期の上昇相場の間に、ダウ平均は93.9％も急騰した。その後、５カ月半に及ぶ下落で、フランクリン・D・ルーズベルトが大統領の宣誓をするわずか５日前の1933年２月27日までに、ダウ平均は37.2％下げた。

彼が1933年に景気刺激策と金融の規制を行い始めるころには、すでに打撃が広がり、アメリカも世界もすでに大恐慌に陥っていた。彼の初仕事のひとつは、就任の翌日に９日間の銀行休業を宣言することだった。1933年３月末までには、１万8000行のうちの１万2800行が業務を再開した。アメリカは４月に金本位制から離脱して、６月にグラス・スティーガル銀行法を可決した。それによって、FDIC（連邦預金保険公社）が設立され、商業銀行と投資銀行の分離が命じられた。

禁酒法は国全体で撤廃が望まれていたため、12月に廃止された。不況のどん底の1933年にアメリカの失業率は25％と、頂点に達した。SEC（証券取引委員会）の設立やＦ・ルーズベルトのニューディール政策で、改革は1934年も続いた。1933年から1937年までの４年に及ぶ株式相場の上昇は、1934年の穏やかな５カ月半の下落相場で一時的に中断しただけだった。そのとき、ダウ平均は22.8％下げたにすぎない。それは1923年の７カ月の小さな下落相場で18.6％下げたとき以来、最も小さな下落相場だった。

しかし、アメリカが再建されつつあるときに、ヨーロッパでは全体主義が生まれようとしていた。アジアでは日本が中国とソ連と満州に侵攻した。1937年の春に、アメリカは下落相場に襲われ、それが１年間続いた。ヨーロッパに響く戦争の足音やウォール街のスキャンダルに投資家はおびえた。また、予算を均衡させようとするＦ・ルーズベルトの試みで、景気はさらに後退した。1937年３月～1938年３月に、ダウ平均は49.1％下げた。これは1900年以降で３番目に悪い下落相場だった。1938年４月に、ルーズベルトは予算を均衡させる方針を撤回して、財政支出を増やした。それによって始まった景気拡大は第２次世界大戦を通して続き、大恐慌は終わりを告げた。

第２次世界大戦

ドイツは1939年３月にチェコスロバキアを併合し、1939年９月１日に戦車でポーランドに侵攻した。それは第２次世界大戦の始まりを意味した。ドイツとイタリアは同盟を結び、イギリスとフランスはドイツに宣戦布告をした。1940年にドイツは西ヨーロッパに侵攻し、６月にはフランスが陥落した。日本は日中戦争で中国と戦いながら、1941年12月に真珠湾を攻撃して、枢軸国に加わった。一方で、中国は連合国側に付いた。

1941年末までに、世界は完全に枢軸国と連合国との戦争に突入した。枢軸国はドイツ、日本、イタリアに率いられ、対する連合国はイギリス、フランス、ソ連、中国、アメリカに率いられていた。第２次世界大戦が始まると、株式相場は1939年から1941年まで、３年にわたって下げ続けた。アメリカが1942年に参戦すると、ダウ平均は1942年４月28日に最終的な安値92.99ドルを付けた。連合国の勝利で士気は高まり、軍需で経済が刺激されたので、その後４年間は４番目に長い上昇相場で、ダウ平均は128.7％上昇した。

日本が降伏文書に調印して、アメリカに降伏をした1945年９月２日に、第２次世界大戦は終わった。戦争が始まると、いつものように物価が上昇した。1941～1948年に生活費は74％も上昇した。CPI（消費者物価指数）は約42から73まで上がった。

株式相場と経済は1946年半ばから1949年半ばまでの３年にわたって低迷し、その後に次の大型の好況が始まった。

消費ブーム

1946年半ばから1947年半ばまで、第２次世界大戦後の不況と下落相場が続いたあと、経済と株式相場は安定し始めた。1947～1951年のマーシャルプランでヨーロッパは再建されたが、共産主義と闘うというトルーマン・ドクトリンが宣言されて、冷戦が始まった。それでも、1949年には幸せな日々が再び訪れた。郊外に住みたいという考えが広まってニュータウンが出現すると、増大する中流階級が革新的な技術を着実に手に入れるようになった。第２次世界大戦後のこの消費ブームによって、その後16年間にわたって経済が成長し、株式相場も上昇した。一方で、大戦中に起きた科学技術の進歩は、新しい産業を生んだ。都心と農地という二極化は、ベビーブームによって郊外にスプロール現象が広がったために消えていった。だれもがテレビや冷蔵庫、洗濯機、ドライヤーといった電機製品があふれる家を欲しがった。人々が都会の職場に通えるようにと、道路が建設された。

朝鮮戦争はなぜ相場に影響しなかったのか？

朝鮮戦争には多くの国の軍隊がかかわり、アメリカは３万6500人以上の人命を失った。この戦争は３年間続いた。それは第１次世界大戦でアメリカが参戦したときよりも長かったにもかかわらず、相場は大して影響を受けなかった。1950年６月25日に北朝鮮が韓国に侵攻して２週間半の間に、ダウ平均が12％下げただけだった。その後、相場は再び上昇トレンドを続けた。

少し前の第２次世界大戦での勝利と日本への残忍な原爆投下は世界中の人々の心に鮮明に残っていた。それは、朝鮮戦争の相場への影響を弱める働きをした。また、第２次世界大戦の太平洋戦域にいたアメリカ軍はまだ周辺に駐留していたので、動員の手間は大してかからなかった。それに、第２次世界大戦の軍需品の残りが簡単に使えたおかげで、軍事支出も少なくて済んだ。

全世界の財源もアメリカの財源も、朝鮮戦争に食いつぶされることはなかった。インフレの兆候はどこにもなかった。1948年後半から1950年前半までの１年半に、CPIは下げていて、戦争中でも13％上がっただけだった。朝鮮戦争は悲劇的で、今日に至るもアメリカの大きな介入のひとつだったが、1950～60年代の好況における短い休止にすぎなかった。

冷戦にもかかわらず、株価は1950～60年代を通して上げ続けた。トルーマン、アイゼンハワー、ジョン・F・ケネディ、マーティン・ルーサー・キング・ジュニアはこの国を鼓舞した独創的リーダーたちだった。10年以内に人類を月に送るというケネディの計画は、最初の集積回路のひとつを使って成功した。素晴らしい！　キング牧師は今日も続く非暴力による抗議で、万人のために平等の権利と正義を、という政治課題を作り出した。都市化と大量生産で企業収益は伸びた。そして、ダウ平均は第２次世界大戦時のインフレに追いつき、平和や繁栄、消費、中流階級の新たな出現という大きな流れに乗って、1949～1966年に523％上昇した。

ベトナム戦争を契機にインフレが加熱

人種差別と隔離を禁止する1964年の公民権法案が７月に可決されると、その月にニューヨーク市で暴動が起きた。それをきっかけに人種間の緊張が高まり、1960年代を通してこの国を悩ませた。一方、北ベトナムとアメリカ海軍による戦闘が起きると、1964年８月７日にトンキン湾決議が議会において満場一致で承認され、リンドン・B・ジョンソン大統領は東南アジアで通常の軍隊を使うことを許可された。このとき、公式にベトナム戦争が始まった。

1964年の大統領選挙でジョンソン大統領がゴールドウォーターを破って再選されると、アメリカは1964年11月に空爆を拡大させた。1965年２月からは空爆が日常化し、1965年３月８日には最初のアメリカ軍戦闘部隊がベトナムに到着した。数日後に、FRBのウィリアム・マチェスニー・マーティン・ジュニア議長が、経済は過熱しつつあると警告した。ハーシュ・オーガニゼーションが設立されて、ストック・トレーダーズ・アルマナックが考案された1966年は、危険に満ちた年だった。アメリカ軍は５月にカンボジアに侵入し始め、６月29日にハノイへの本格的な空爆が始まった。インドシナ情勢の波乱が高まり、ベトナムに投入されたアメリカ軍は年末までに50万人に近づいた。

1967～68年を通して、株式市場と国内はジョンソン大統領の戦争拡大と大虐殺、反戦運動、暴動、マーティン・ルーサー・キング・ジュニアとロバート・ケネディの暗殺に翻弄され続けた。これによって株価は抑えられ、軍事費は1964～1968年に50％増えた。インフレが激しくなり始めて、1968年末にはCPIが年率５％になった。1969年には相場が軟調になったので、FRB

はプライムレート（最優遇貸出金利）を過去最高にまで引き上げて、インフレと闘い始めた。ニール・アームストロングが月面を歩き、約50万人のヒッピーがウッドストックに集まった。そして、第２次世界大戦以来初めて、徴兵制度が復活した。

1970年は環境問題だけでなく、ベトナム戦争に対する抗議とデモ行進、人種差別、デモの鎮圧、女性とマイノリティのための公民権で、アメリカは苦しんだ。アメリカ軍は４月30日にカンボジアに侵攻した。オハイオ州のケント州立大学では、５月４日に戦争に抗議をしていた４人の学生が州兵に射殺された。また、５月15日にはミシシッピ州のジャクソン州立大学で、警察がデモ行進に発砲し、２人が射殺された。リチャード・ニクソン大統領の一般教書に対してウォール街はすでに不機嫌だったが、1970年春に起こった国を揺るがす一連の事件のせいで、S&P500はわずか４カ月半で25.9％下げて、５月26日に中間選挙の年の下落相場で底を打った。

ニクソンによる金の交換停止と、賃金・物価の凍結で、1971年に形勢が一変し、アメリカが北ベトナムを激しく爆撃すると、相場はさらに下げた。また、インフレが始まり、トンキン湾決議が可決される1971年末までに、CPIは93から123までと、32.3％上がった。和平の見通しが立ち、ニクソンが再選されると、ダウ平均は1973年１月11日にベトナム戦争中の高値1051.70ドルを付けた。この高値はその後の10年間、抜かれなかった。

ベトナム戦争に対するアメリカの直接参戦は、公式にはパリ和平協定に署名した1973年１月27日に終了した。しかし、戦争はさらに２年間続いた。ハンク・アーロンが715本のホームランを打ってベーブ・ルースの記録を破った1974年は、混乱に覆われた年だった。1973年10月19日に始まったアラブ諸国による石油禁輸は、1974年３月18日に解除されたが、すでに痛手は大きく、アメリカでは1975年まで厳しい不況が続いた。

1974年の春は、ウォーターゲート事件の公聴会と裁判で荒れた。議会での弾劾を避けるために、ニクソンは1974年８月９日に辞任せざるを得なくなった。アメリカの大統領で任期中に自ら辞任をしたのは彼が初めてである。このニュースで株価は急落して、２カ月足らずでS&P500は23.0％下げ、ダウ平均は12月までに27.6％下げた。これは1973～1974年の下落相場で最後の下げとなり、1966～1982年の弱気の長期トレンドにおける最終的な底値となった。1975年４月30日にサイゴンが陥落したとき、最後に残った海兵隊員たちは大使館に避難した。1975年５月にアメリカの民間コンテナ船であるマヤグエース号がクメールルージュに乗っ取られたマヤグエース号事件が、ベトナム戦争でアメリカが戦った最後の公式の戦闘記録になった。

例の1970年代のスタグフレーション

独立200年記念の祝典で打ち上げられた花火の煙が消え、バイキング２号が火星に着陸すると、OPEC（石油輸出国機構）は1976年12月に再び石油価格を引き上げた。ベトナム戦争の終結とエネルギー危機によって、1978年からインフレが本格的に進み始めた。CPIは1964年の93から1978年の202へと、117％も跳ね上がった。原子力発電があればエネルギーで当時受けた試練と苦難の多くは軽減できたし、今日でもできるだろう。しかし、1979年にスリーマイル島原子力発電所で起きた事故によって、不運にもアメリカの原発は水を差された。

1979年のエネルギー危機は、OPECが７月15日に石油価格を引き上げたときに始まった。同じ日にジミー・カーター大統領は「信頼の危機のスピーチ」をして、外国産の石油に対する依存を減らすために10年で1400億ドルを投資する計画を提案した。ウィリアム・ハントとネルソン・ハントが銀を買い占めようとし始めたので、金も急上昇した。また、イランがアメリカ大使館を占拠して人質を取った。しかし、インフレファイターのポール・ボルカーがFRB議長に任命されると、経済も国も強くなり、1978年９月から1980年４月までの17カ月の下落相場の間に、ダウ平均の下げ幅は16.4％に抑えられた。

1979～1981年の激しいインフレ、記録的な高金利、高い石油価格、1980年のモスクワオリンピックのボイコット、ソ連のアフガニスタン侵攻に対する経済制裁、イラン人質事件、ハント兄弟の銀買い占めの失敗によって、再び下落相場と景気後退に見舞われるが、どちらも中間選挙があった1982年に底を打った。GNP（国民総生産）は1982年に1.8％のマイナスになったが、それは1946年以来で最悪の下げだった。失業率は1982年11月に、大恐慌以降で最も高い10.8％に達した。

情報革命

古代文明人はそろばんに似た道具を使って、何千年にもわたって計算や算術を行ってきた。現代文明の最初の2000年の間に、機械式計算機は天文時計から計算尺にまで進化した。オックスフォード英語辞典によると、「コンピューター」という語は、「算術または数学的計算をする人」という意味で1613年に使われたのが最初だった。

1801年に考案された織機のための紙パンチカードが、1896年にハーマン・ホレリスが設立したタビュレーティング・マシン・カンパニーにつながった。それが1924年にIBMと社名を変えた会社の中心になったのだ。最初の電子計算機は1940～1945年に開発された。IBMと「七人のこびと」（バロース、ユニバック、NCR、コントロール・データ、ハネウェル、RCA、ゼネラル・

エレクトリック）は、1950年代後半から1970年代まで大型計算機を製造した。しかし、プログラム可能なコンピューター言語、パケット交換、集積回路によるマイクロプロセッサーの開発によって、インターネット、パソコン、情報時代の種がまかれたのは1960年代から1970年代初期にかけてのことだった。

ケネス・アイバーソンは著書『ア・プログラミング・ランゲージ（A Programming Language)』で、ハーバード大学で働いていた1960年代初期に、のちにIBMのシステムで使われることになる数学的表記法をどうやって発明したかを説明している。国防総省が構築したARPANET（アーパネット）とインターネットで使われるプロトコルTCP/IPが初めて開発されたのは1969年だった。情報ブームが根づいたのは、インテルが最初の汎用商業マイクロプロセッサー4004を出荷した1971年である。

その後の10年間に、パソコンはヒューレット・パッカードのBASICを搭載したコンピューターから、1983年１月に発表されたアップルIIeまで進化した。1982年に、マイクロソフトがIBMのパソコンにMS-DOSを導入すると同時に、株式相場はけた外れの上昇を始めた。1985年にAOLがオンライン専用のサービスを始め、1992年にWWW（ワールド・ワイド・ウェブ）が誕生すると、株式相場はさらに大きく上げた。携帯電話とワイヤレス技術によって、投機的なバブルは限界まで膨らんだ。

好況時の戦争

朝鮮戦争と同じく、1990～1991年の湾岸戦争は、一国による他国への一方的侵略によって引き起こされた、重大な国際軍事行動であった。挑発されてもいないイラクが国連加盟の独立国であるクウェートを併合すると、国連はイラクへの全面禁輸を採択し、1991年１月15日までにクウェートから撤退するように迫った。

アメリカ合衆国、NATO（北大西洋条約機構）、ペルシャ湾岸国家、そのほか世界中の国から成る100万人近くの連合軍がイラクとクウェート周辺に集結し、軍事介入が認められた。世界は協力してクウェートを守った。当時の統合参謀本部議長コリン・パウエルの、軍事力を行使するときは「圧倒的な軍」で、という原則に基づく砂漠の嵐作戦はアメリカ史上で最も素早く、最も死者が少なく、最も安くついた戦闘だった。

実際の戦闘活動は６週間しか続かず、アメリカと同盟国の陸上部隊がイラクを破って1991年２月27日にクウェートを解放するまで、わずか４日しか要しなかった。私たちはだれもがパウエルと多国籍軍のノーマン・シュワルツコフ司令官による、ほとんど超現実的な記者会見と映像による戦争の実況放送に魅了された。一方で、この出来事は経済にも、相場にも、インフレにも、長期的な影響をほとんど及ぼさなかった。

最大の好況

1990年初めソ連は分裂し始めた。また、貯蓄貸付組合（S&L）の危機も収束した。史上最も長い強気相場は、1990年10月11日に歴史的な上昇を開始した。この相場は、アジアの通貨危機とロシアのルーブルの暴落のせいで、世界的な通貨危機が起きて、記録上最も短い下落相場の引き金となるまで続いた。ダウ平均は1998年夏に、45日で19.3％下げた。債券運用で有名なヘッジファンドのLTCM（ロングターム・キャピタル・マネジメント）がこの通貨危機に巻き込まれたために、FRBは35億ドルの緊急援助を指示した。

2000年の天井に至る最後の上昇に先立って、８月と10月でダブルボトムが形成された。超大型の強気相場の最後の時期には、ハイテク株のIPO（新規株式公開）やデイトレードによって、ネット株バブルが壮大な規模まで膨らんだ。20世紀最大の好況期に、ダウ平均は1982年８月11日の日中に付けた安値770ドルから1447％上昇して、2000年１月14日の日中に１万1908.50ドルの高値を付けた。

この長い好況期において景気後退が進んだ1999年後半に、市場を公平な競争の場にするための中心的な金融規制が撤廃された。1999年11月12日にクリントン大統領が法案に署名したグラム・リーチ・ブライリー法は、銀行、証券会社、保険会社が投資銀行、商業銀行、保険会社のいかなる兼営も禁じるという、1933年のグラス・スティーガル法の重要な部分を廃止した。そして、ビル・クリントンが2000年12月21日に法案に署名した2000年商品先物取引近代化法（Commodity Futures Modernization Act of 2000）によって、専門知識を持つ関係者による店頭デリバティブ取引が実際に可能となった。

この２つの法律によって、サブプライム住宅ローンの大失敗、CMO（不動産担保証券）やCDS（クレジット・デフォルト・スワップ）といった影の銀行システム、それに2007～2009年に起きた世界的な金融危機、不況、弱気市場への扉が開かれることになった。その影響は今日でもまだ続いている。

終わりのない繰り返し

というわけで、私たちはこれまでに同じことを経験してきたし、それを証明するＴシャツも衣装ダンスいっぱいにある。私たちはアフガニスタンとイラクでの戦争やテロとの戦いを引き起こした9.11の同時多発テロ攻撃のようなことは、１回も経験したことがなかったかもしれない。しかし、それは本当に1914年のフェルディナンド大公の暗殺や真珠湾攻撃、トンキン湾事件と大きく異なるのだろうか？　それらは戦いをそそのかすための国際的な暴挙という点で似通った、ランダムに現れる行為ではないのか。

ここ２世紀の変わり目と大恐慌の時期と1970年代は、金融危機に苦しめられた。激しい投機、不健全で手ぬるい規制や監視不足によって、市場には詐欺や相場操縦が広がった。しかし、いったん平和が訪れると、インフレは衰えて、賢明な統治が優勢になった。技術革新は進み、経済は拡大して、相場は新高値まで急上昇した。

まとめ

●景気と相場を停滞させる中心要素は戦争と金融危機である。インフレと政治の無策によって、停滞は永続する。

●次の長期の好況と相場の上昇を引き起こして刺激するのは平和、物価の安定、効果的な政策、技術革新である。

第4章　来るべき好況
――次の500％の上昇への準備
The Coming Boom

過去にあった超大型の好況は戦争と金融危機の間に生じる繰り延べ需要や政府支出の増大、インフレの急激な高まりに起源があった。そして、平和や政治的なリーダーシップや効果的な統治によって、この好況が生まれ、パラダイムシフトをもたらす革新的技術が次第に普及すると、世界や平均的な人々の生活スタイルを変えていった。

大きな戦争が終わって請求書の支払期限が来ると、インフレはピークに達した。数年後にインフレが安定して、金融危機や恐慌が和らぎ、実際的で進歩的な政策や指導に助けられて、景気が底固めを始めると、流れを一変させる新技術や生活様式によって好況に火が付いた。個人消費が上向くと、企業や経済の成長に拍車がかかる。そして、偉大な経済学者ケインズの言葉を借りると、事業家や起業家や投資家の「アニマルスピリット」

が回復して、好況はさらに勢いを増す。新しい商品やサービスに対する需要で個人消費が高まると、景気は拡大して十分な水準に達し、堅調さを維持したあと、再び悪化するのだ。

現在の失業率は高く、2000年代後半から続く大不況からは抜け出せそうにない。世界の過剰債務はますます不安材料になっている。これらは今日の大見出しやニュース記事にもなっている。一般投資家はブローカーや家族、友人、政府から聞く悪いニュースに飽き飽きしている。だから、2025年までにダウ平均は３万8820ドルに達する、という超強気相場の予測を2010年５月に私が発表したとき、多くの人はバカげていると思ったようだ。それは別に驚きではなかった。大胆な予測はどれも、真実だと証明されないかぎり、最初は酷評の憂き目に遭うものだ。この超強気相場は信頼できそうなだけでなく、計算の上でも歴史的に見ても理にかなっている。この程度の大きな値動きは過去にも何回か起きたが、それらの前には常に、激動の時代と経済の低迷があった。実は、大きな値動きは非常に規則的かつ明らかな原因によって起きたので、私たちはそれらが起きる理由や時期や始まり方、そして何に投資すべきかを、事前にもその期間中にも、うまく見極めてきた。過去を調べれば未来を明らかにすることができるのだ。

ネットバブルがはじけて、2000年１月に始まった弱気の長期トレンドで、最初の大きな下落が終わると、株式相場が再び

500％の上昇をする最初の兆しが2002年９月に現れ始めた。それはイラク侵攻の準備が進み、株式相場が中間選挙に向けて急落していたころだった。

個人投資家は相変わらず株式相場に幻滅しているが、ウォール街の専門家とエコノミストには悲観的な人も楽観的な人もいる。今は、新しい強気相場が水面下で進行中か、最後の決戦が近づいているかのどちらかだ。しかし、前兆は明白である。弱気の長期トレンドは後期に入っている。回復までにはもう数年かかるが、次の超大型好況はすでに準備されつつある。株式市場にいつまた大量の資金が流れ込んでもおかしくない。そして実際にそうなると、それは警報解除の笛となる。この章の残りでは、過去12年の不運な出来事を取り上げて、来るべき好況の前触れとして、どういったデータに注目しておく必要があるかを指摘しておきたい。

ネットバブルの崩壊と1929年の大暴落

2009年３月には、ダウ平均やS&P500のような伝統的な企業の株価指数が安値を付けた。だが、ハイテク企業で構成されるナスダックではそうはならなかった。今や、優良企業で構成される指数よりもナスダックのほうが、経済や株式市場をよりよく写していることが多いのだ。将来に悲観的な多くの人は、ダウ平均が今後も新安値を付けると予測している。1929年にも2000年にも、投機によるバブルがはじけると、３年近くに及ぶ、つらい暴落が起きた。2000年を除いて、その惨劇の矢面に立たされたのはナスダックだった。一方、退屈で大部分が有配株のダウ平均のほうが持ちこたえて、2000年１月～2002年10月に37.8％しか下げなかった。ダウ平均が1929年の暴落で被った89.2％の大幅下落に似て、ナスダックが77.9％も下落したのは、ネット関連株や携帯電話・ワイヤレス株に加えて、会計の不正操作をした少数の悪質企業のせいだった。この下げ幅は70年前の下げ幅にほぼ匹敵する。期間は2002年までの999日で、下落相場が終わりやすい10月の９日目に終わった。これは昔の「ビッグワン」のときよりも、ちょうど１カ月短い。2007～2009年に、主要な株価指数がすべて半値以下まで下げたとき、ダウ平均も当然の報いを受けた。それでも、ナスダックは2002年に付けた安値を割らなかった。それは21世紀初めの弱気の長期トレンドで付けた安値が、まだ底値として使えることを示している。

テロとの世界的な戦い

2001年９月11日に世界貿易センターとペンタゴンがテロリストに攻撃されると、世界中でテロとの戦いが起きて、イラクとアフガニスタンでは戦争が始まった。アメリカ軍は10月７日にアフガニスタンにあると考えられていたテロリストの拠点を攻撃した。そして、2003年３月20日にはイラクへの空爆が始まった。アメリカ軍は迅速にバグダッドに侵攻し、ブッシュ大統領は2003年５月に「任務完了」と発表したが、そうはならなかった。それでも、株価は1999年と同じように上昇した。ダウ平均は中間選挙の年に付けた2002年10月９日の安値から、2003年の取引最終日の高値まで43.5％上昇した。また、ナスダックは2003年に50.0％上昇した。大統領選挙前年の上昇は1939年から続いているので、今後も変わりないだろう。戦争はその後２年続いたが、ダウ平均は１万0500ドルの支持線を維持した。その後、銀行の規制緩和や手ぬるい監視、略奪的な融資慣行、影の銀行システムのせいで、信用バブルと住宅バブルが膨らんだ。

住宅バブル

金融危機の中心は住宅市場だった。インフレとその後の住宅バブルの崩壊は、ウォール街の歴史でも影響が大きかった出来事であり、何世代にもわたって分析され、議論されるに違いない。この状況の全体像を見ておこう。バブルはたいていだれの目にも明らかなものだが、振り返ってみるとなおさらである。ハイテクバブルを数値で表すのは簡単だ。ナスダックは5048まで急上昇して、1114まで暴落した。それはどんな長期のナスダックのチャートを見ても、簡単にそれと分かる。しかし、住宅市場の状況はそれほど明確ではなかった。一般市民が住宅市場で不意討ちを食わされた主な理由は、相対的な水準を測るための注目すべき測定基準がないからだ。

住宅バブルはいくつかの理由から膨らんでいった。その起源は9.11の同時多発テロ攻撃後の、あまりにも積極的な金融政策にあり、FRB（連邦準備制度理事会）の誘導目標金利が３年間の大半で２％以下という、途方もなく低い水準に据え置かれたせいだと主張する人もいる。また、悪質な融資慣行とだまされやすい庶民を理由に挙げる人もいる。真実はそれらの間のどこかにある。しかし、ほとんどの人が理解できない問題を解決するには、どうすればよいのだろうか？　また、その回復はどのようなものになるのだろうか？

貸し手側と借り手側の貪欲や自信過剰、無責任、愚かさが住宅バブルの原因だった。ウォール街と銀行のせいにされがちだが、すべてが彼らのせいというわけでもない。買う余裕がない家を買うようにと、無理強いした人はいない。自分の持ち家を、住むことができる現金自動支払機とみなすように強いた人もいない。この国は倹約という、強い財政規律に基づいて築かれていた。私たちはだれもが、道に迷ってしまったのだ！　住宅市場が立ち直るまで、経済は苦境から抜け出せないだろう。痛手がこれほどの大きさになるとは、だれも予想できなかった。

最近、住宅市場が回復していると、多くのマスコミが再びざわめきだしている。確かに、センチメントと販売戸数は最近になって改善しつつある。しかし、私たちが追跡している重要な４つの住宅データ――中古住宅販売、住宅着工件数、新築住宅販売、NAHB（全米住宅建設業者協会）のHMI（住宅市場指数）――によると、報道された回復はそれほど目覚ましいものとは思えない。確かに出血の多くは止まったが、住宅市場が再び経済の健全な一要素になるには、まだかなりの回復期間が必要である。これら４つの指標が持続的に上昇すれば、景気が再びしっかり足場を固める時期を知る手掛かりになる。

●中古住宅販売戸数　中古住宅販売戸数は、個人に影響を及ぼす唯一最も重要なデータである。それは住宅がどれくらい売買しやすいかの尺度であり、持ち家の相対的価値を映し出してくれる。2006年の大きな落ち込みを見ると、いかにこの市場が不調かが分かる。人々は買うべきでない住宅を買っていただけではなく、楽に金儲けをしようと考えて、それらを転売していた。700万戸もの住宅の持ち主が毎年変わっていたときには、確かに何かがおかしかった。2006年のデータはホワイトハウスにも議会にも警報を鳴らしていたはずだ。

中古住宅販売戸数は1996年まで比較的安定していた。変動はあったものの、比較的小さかった。結局のところ、住宅は長期投資であるという考えがあったのだ。最近になって、中古住宅販売戸数は安定してきているが、けっして危機を脱してはいない。いまだに多くの家がかなりの損失を出しながら売却されているか、差し押さえられているのだ。この指数は2005年のピークから激しく揺れながら、下落傾向を続けている。販売戸数は2009年と2010年に急騰したが、それは住宅購入に対する減税があったからで、その後は実施されていない。中古住宅販売戸数が最終的に現実的な範囲で安定したときに、この市場は底入れするはずだ。

●**住宅着工件数**　住宅着工件数は、建築業者が住宅市場をどう判断しているかを示していて、２つの理由から重要である。第一に、住宅建設は多くの雇用を生む。逆に、住宅の新築数が減ると、建設作業員が失業する。第二に、住宅着工件数は住宅市場がどれだけのリスクをとる気があるかの主要な指標である。市場が良ければ、住宅建築業者は将来の売り上げを予想して建築数を増やす。しかし、市場が落ち込むと素早く計画を抑える。

住宅着工件数は1991年の底から2006年の天井まで、年ベースで80万戸以下から227万戸以上まで跳ね上がった。これほど大きな着工件数は1972年以来、１回もなかった。住宅着工件数はこの天井から、2009年の50万戸以下まで落ち込み、今はその水準よりも上で支持線を探しているところだ。これは需要が落ち込んでいることと、歴史的な低金利にもかかわらず融資条件が厳しいせいだ。金融市場は冷え込んでいるので、建築業者は土地や資材を買ったり、賃金を支払ったりするための融資を受けることができない。住宅着工件数は動かなくなったように見えるが、市場の回復を最初に示す先行指標の１つになるだろう。

●**新築住宅販売戸数**　住宅は販売よりも建築のほうに時間がかかるため、在庫が積み上がる。そのため、住宅建築業者は両方のバランスを取りながら、新築しようとする。新築住宅販売戸数は崖から落ちるように急減した。2005～2010年の５年で140万戸近くから28万戸までと、80％の減少で、現在もそれほど増えていない。新築住宅の供給過剰によって住宅価格は下落し、新築での雇用は限られたままだ。新築住宅販売戸数は市場が転換したことを示す最後の指標とはいえ、住宅市場が完全に回復したという裏づけとして見逃せないものである。

●**住宅市場指数**　NAHB（全米住宅建設業者協会）のHMI（住宅市場指数）は、住宅市場の全般的な健全度を見る最高の指標かもしれない。HMIはこの市場が今にも消滅しそうだと、真っ先に予測した。ほかのデータが市場の崩壊を示し始めるずっと前の2005～2006年に、HMIは横ばい後に下げに転じた。さらに、HMIはほかのデータが回復を裏づける前に、業界内のいかなる楽観論をも反映する。この指数が50以上ならポジティブ、50以下ならネガティブに傾いていることを示す。この指数は2007年以降、20以下で動いている。過去２年で見られた上昇は励みになったが、つかの間で終わった。この大きな変化はダマシであり、HMIだけを単独で見るわけにはいかないことが分かった。それでも、この指標は住宅市場がいずれの方向であれ、変動するときに早期警戒の役目を果たしてくれる。そのため、注意深く監視すべき指数である。

経済はとてつもない痛手を被った。それを修復して、住宅建築業者と銀行とアメリカ国民に自信を植え付けるには協力が必要だろう。住宅は私たちを転落に至る道に導いた。しかし、それは私たちが混乱から抜け出す助けもするだろう。これら４つの指標をしっかりと監視すれば、経済と市場の現在の水準や、もっと重要なことだが、それらがどこに向かっているかがよく分かるだろう。住宅市場が回復しないかぎり、大きいか持続的な強気相場が訪れる可能性はない。

金融市場は次第に持ち直し始めている。そして、住宅着工件数は今、年70万戸辺りで動いているので、建築業者は土地と資材を買って、賃金を支払うための資金を借りている。住宅着工件数は落ち着いてきたが、依然として過去30年に付けてきた低い件数を下回っている。これは、次の超大型の好況のきっかけとなる回復過程が数年にわたって続いていることを示している。新築住宅販売戸数はチャートの底辺をさ迷い続けている。新築住宅販売戸数が一貫して増え続ければ、来るべき好況の最後の手掛かりのひとつになるだろう。中古住宅販売戸数とHMIは最近、最も大きな復活の兆しを示した。HMIが最近、20を上回ったのは心強いが、50にはまだかなり足りない。

経済の４騎士

国際テロ、イラクとアフガニスタン、イランと北朝鮮、アラブの春、住宅市場、雇用の創出、かつては素晴らしかったインフラの荒廃、不名誉にも高価で非効率な医療制度は、いまだに偉大なこの国と社会を悩ます問題の一部である。それぞれに対処しなければならないが、全世界に影響を及ぼす最優先の課題は、巨大なアメリカ経済をどう立て直すかということだ。第２次世界大戦以来、世界を活気づけてきたエンジンは、急いで分解修理をする必要があるのだ。

私たちはすべての金融危機と大不況の大嵐に耐え抜いたように見えるが、この国の運営方法には相変わらず変わりがない。アメリカ人は今も現状に不満を抱いている。繁栄の25年後に、私たちは大して素晴らしくもなかった1970年代に逆戻りしかねない瀬戸際にいる。率直に言って、この国の経済状況はまだ期待外れだ。環境保護の仕事の創出や中間層の強化、総合的な政治改革、税法の改正といった、アメリカ経済を改善するための高尚なアイデアはいまだに実現していない。経済がこのまま悪化し続けるなら、ホワイトハウスと議会の両方で支配政党が代わるだろう。

アメリカについて、悲惨な短期予測はいくらでもある。しかし、非常に評判の良いエコノミストで、不吉さとは無縁の結論を下す人も大勢いる。現在の政策はところどころ微調整すれば足りるか、経済政策を刷新する以外にないか、のどちらかだ。経済を素早く、簡単に測定するための一般的な尺度は、「ダウ平均」「消費者信頼感指数」「インフレ率」「失業率」という経済指標の４騎士である。それらは個別に、アメリカ経済の異なる面がどれほど強いかを示す指数だが、まとめて見ればかなり完全な見通しを得ることができる。

1. **ダウ平均**　最も熱心なダウ平均の理論家でさえも、この指数に限界があることは認めている。S&P500のほうがはるかに幅広く、常に銘柄の入れ替えをしているために、現在のトレンドを反映している。ナスダックは、技術革新と成長を見るには、ずっと良い指標だ。しかし、企業国家アメリカの健全性を測る指標としては、ダウ平均に匹敵する指標はない。ダウ平均が好調なときには、アメリカもうまくいっている。ダウ平均が低迷しているときには、ウォール街だけでなく、一般投資家にも波紋を引き起こす。最も影響を受けたと感じ取るのは、投資家である。普通は上位中間層よりも上の層――確定拠出年金の401kに加入しているか、ボーナスをもらっているか、投資信託や投資ポートフォリオを運用している投資家――が影響を感じる。

2．**消費者信頼感指数**　消費者信頼感指数は基本的に、中間層が経済状態をどれほど信頼しているかを表している。この国の中間層の人々は、過去20年の大半で圧迫感を感じていた。この指数は要するに現状の認識と将来への期待を表している。これは一般社会が経済をどう感じているかについての国民投票だ。景気刺激策が一気に打たれたことは信頼の回復に役立ったが、この指数の値が70前後ということは、アメリカの中間層の消費者が疲れて、お金に困っていることを示している。消費支出は増えたが、まだひどく落ち込んだ水準からの上昇にすぎない。消費者信頼感指数が1980年代初期のように90に戻るまで、持続可能な景気回復は望めない。

3．**インフレ率**　インフレはアメリカの中小企業経営者と弱い人々に最も大きな打撃を与える。一般に中所得層の上位から高所得層の下位までの中小企業経営者がこの国の主力である。中小企業は何千万人ものアメリカ人を雇用している。

中小企業がうまくいっていないと、庶民に幅広く影響が及ぶ。激しいインフレが続くと、必ず経済問題が生じる。また、極端なデフレも不景気になる要因だ。

PPI（生産者物価指数）とCPI（消費者物価指数）が示すように、インフレ率は上昇傾向にある。景気回復のこの局面では、インフレは望ましい。これは経済と株式相場を次の成長に導くインフレの始まりである。ある時点で、インフレは和らぐ必要がある。そうでないと景気が過熱するからだ。これから数年のうちに、過熱状態に陥る可能性は低い。しかし、過去と同じく、ある時点でそうなるだろう。FRBや経済政策の立案者も、皆と同じように完璧ではない。彼らはこれまで何度も繰り返したように、おそらく今後も金融政策の調整で行きすぎるだろう。これらのデータには遅れや複雑な面があり、金融政策をぴったりと調整するのは難しいのだ。

４．**失業率**　経済が混迷を続けている今、中間層の究極の審判は失業率である。経済不安が深刻化すると、失業は経営幹部にまで広がる。この国の雇用は1980年代初期にあった２回の景気後退のとき以来、かつてない水準まで悪化した。しかし、重要なのは絶対的な水準だけではない。雇用者数の増減傾向も重要である。失業率は危機的な水準を脱したが、最近の景気改善は懸念を抱かせるものだ。失業率が改善し続けて初めて、経済は本当に回復し、成長率も上昇に向かうのだ。

景気は不規則ながら、ゆっくりと穏やかに改善しつつある。労働市場は復活の気配を見せて、住宅市場も最近になって上向き始めた。しかし、それらのデータは改善して２～３カ月後には再び悪化してしまう。ダウ平均は1998年の夏以来、横ばいを続けている。消費者信頼感指数は大不況で付けた低い値からは良くなったが、政府と議会との間に問題が起き始めて、景気拡大が衰えを見せると、2011年にこの指数はすぐに反落した。CPIは2009年の大半でマイナスだったが、その後は年率３％の上昇をしていて、2001年以降では29％の上昇であり、インフレは進行している。失業率は高止まりを続けていたが、ようやく大幅な下落傾向を見せている。しかし、弱気の長期トレンドが一服する前に、インフレは再び進むかもしれない。

景気の先駆け

2000年以降のように、長期の弱気相場が長引くときには、雇用の創出が「景気の先駆け」、あるいは回復のカギになる。公式に発表される失業率の値は遅行指標であり、平均すると弱気相場が終わって９カ月後にピークに達する。また、１年以上遅れることもある。新規失業保険申請件数はそれほど遅れのない失業の指標である。この毎週発表される統計は政府統計の偽りの多くを取り除いて、失業保険を初めて申し込んだ人数を単純に測るものだ。

不況時の弱気相場が底を付けるのは、たいてい新規失業保険申請件数のピークの前後２カ月以内だ。ただし、１回だけ例外があった。1967年以降では、平均して不況時の弱気相場で底を付けてから約１カ月後に、申請件数はピークに達した。２カ月以上あとでピークに達したのは、イラクのクウェート侵攻に誘発されて1990年10月に相場が底を付けたときだけだった。このときは、申請件数がピークに達したのは５カ月後で、連合軍がサダム・フセインの軍隊をクウェートから追い出した1991年３月のことだった。申請件数は2009年３月にピークに達したが、これは株式相場が安値を付けて３週間後だった。それは弱気相場が終わったことを示していた。また、申請件数が減り続けていることは、経済が快方に向かっていることを示している。今後数年は、1974～1984年の長い回復過程と同じように、この指標は急な動きをしやすいだろう。

底はまだ先

景気と株式相場はすでに底を打っているように見える。しかし、まだ足並みをそろえていない要素もある。CPIは2001年10月から29％しか上がっていない。オバマ大統領は針路がぶれないように努めてきたが、彼が確固とした指導力を示して、この国を奮起させるかどうかはまだ分からない。議会で新しく指導権を握った共和党が政府と協力して、両者が再びこの国を動かすことができなければ、新しい考えを持つ新指導者に票が行き、今後８年にわたって適切に機能する連邦政府が生まれるだろう。

コミュニケーションと通信能力の向上によって、世界中が以前よりも協調するようになってきた。しかし、厄介な紛争地域はまだ存在する。北朝鮮や中近東、サハラ以南のアフリカ、ハイチなどだけではなく、ここアメリカの都市や町にもそうした地域はある。アメリカ合衆国が誕生し、真に国民の代表者による最初の政府と自由市場システムが生まれて以来、世界は成長、平和、平等、正義の実現に向かってますます着実に進んできた。私たちが環境の多くを管理できるようになったように、景気の拡大と収縮、投機と投資、技術革新と成長、国際的な勢力争いでも、変動を安定させる方法を学んできた。

確かに、この30年間は異常だった。私たちは1980年代と90年代の空前の超大型好況、その後の9.11の同時多発テロ、数カ所の戦線での長引く戦争、資産バブル、金融危機、株式市場の暴落（わずか数分での瞬間的暴落など）、大不況に耐えてきた。しかし、私の見るところ、それは過去にあった身動きの取れない状態よりはましだ。21世紀になってからは、私が子供だったころの1973年後半と1974年前半、そして再び1979年にあったように、列に並んで車のナンバープレートが偶数か奇数かでガソリンの配給を受ける、という経験はしていない。

1982～2000年の超大型好況は比類ないもので、ベビーブーム世代の大量消費と驚くべき科学技術の進歩を原動力としていた。これに匹敵する景気を生み出すのは難しいだろう。この大型好況の前には、第１次世界大戦後と第２次世界大戦後の好況があった。それらはベビーブームに支えられてはいなかったが、押し寄せる移民たちは新しいアイデアや勤勉によって良い暮らしを実現したいと望み、多くの需要を生む助けとなった。1980年代と1990年代の技術革新の多くは20世紀初めの80年か、それ以前に生まれたものだ。それまでの世代が成し遂げた科学技術の躍進があって、経済や社会や株価はかつてない高みに達したのだ。

今のところ、将来は寒々としているように見えるかもしれない。だが、ジョン・D・ロックフェラーが1932年７月の93歳の誕生日にいみじくも言ったように、「不況は現れては消え、好景気が必ず戻ってきた。今後もそうなるだろう」。私たちはこれまでにも経済や財政の難問にぶつかってきたが、政治が安定して世界の暴力が減り、インフレと発明の才能と生きる意欲が戻ってくれば、再びそれらの難問を乗り越えることができるだろう！

インフレだけで、好況が引き起こされるわけではない。新しいイノベーションや技術革新が必要である。ヘンリー・フォードは1920年代に大量生産を考案した。第２次世界大戦はベビーブームとアメリカの郊外化を引き起こした。さらに、航空産業が発展して、地球上の距離は大幅に縮まった。そして、1970年代のスタグフレーションの暗闇の中からマイクロプロセッサーが誕生し、最終的にはパソコンやインターネット、ほぼどんな偉業も達成可能な世界的通信インフラが生み出された。

この国の高齢人口はハンディキャップではなく、チャンスをもたらす。バイオテクノロジー企業や製薬会社はこのことが分かっているので、この層のニーズに応えようと、日夜汗を流している。家電製品は電力をもっと消費しようとするが、社会全体としては化石燃料の使用には有害な影響があるという意識が高まっている。従って、安くて清潔な再生可能エネルギーの需要が高まるだろう。

外部要因によっては、ダウ平均が３万8820ドルに達するまで早くなることも遅くなることもある。ヨーロッパの巨大粒子加速器が予定よりもかなり早く、未知の秘密を解く可能性もあるだろう。信じてほしいが、科学者も自分たちの努力から利益を得ることには熱心だ。偉大な発明や現代の問題に対する解決策が、いつ見いだされても不思議ではない。われわれには無念なことだが、テロリストが成功することもあるかもしれない。どの程度の確実性でも、これらの出来事を予測することはできない。しかし、何千年にもわたって変わらない態度で逆境を乗り越えてきた事実に対して、少なくとも退職金の蓄えの一部を賭ける価値はある。2025年までにダウ平均が３万8820ドルに達するというのは、相場予測ではない。それは、過去にも数え切れないほどあったように、逆境は人間の独創性によって克服できるだろうという期待である。

あと５年

図4.1は私の長期予測を視覚的に示したものだ。2017年か2018年までは横ばい相場が続き、ダウ平均はおおよそ7000～１万4000ドルのレンジを動く。その後に上昇し始めて、2009年３月６日に付けた日中の安値の6470ドルから2025年の３万8820ドルまで、500％の上昇をするだろう。

この予測の背後にある計算には、根深い海外の戦争からアメリカ軍が撤退するという条件も入っている。巨額の政府支出と金融緩和政策による今後５～10年のインフレは、株式相場が６倍に膨らみ始めると、収まり始めるだろう。そして、最後に、かつて自動車やテレビ、マイクロプロセッサー、インターネット、携帯電話で起きたように、代替エネルギーやバイオテクノ

図4.1　今後13年間の予測

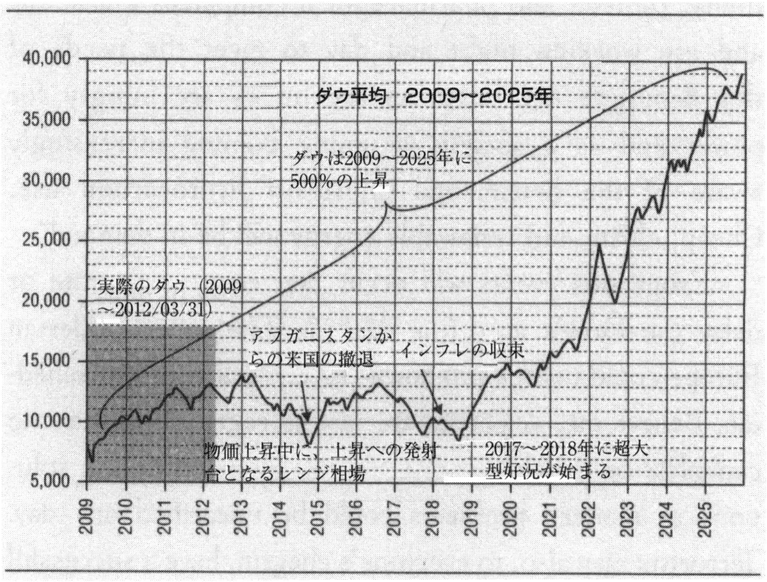

ロジー、あるいはまだ未知の分野での技術革新が起きると、文化にパラダイムの大きな変化が生じて、世界での爆発的な成長に拍車がかかる。つまり、「戦争と平和＋インフレ＋強気の長期トレンド＋革新的な技術＝500％の超強気相場の上昇」という考えをしているのだ。

このチャートを作るために、私は20世紀の３回の主要な景気循環で現れた相場の動きと世界の経済トレンドに頼った。この循環は３大戦争（第１次世界大戦、第２次世界大戦、ベトナム戦争）に加えて、振るわない不況期と高まる好況期に現れる月、季節、年、大統領戦の４年周期のトレンドを中心に動いていた。

ダウ平均は再び１万ドルを試すと予想される。その後、2012～2013年に１万4000ドルの抵抗線近くで上げ止まったあと、アフガニスタンからアメリカ軍が撤退する2013～2014年に、ダウ平均は8000ドルまでの売りに遭いそうだ。2015～2017年には１万3000～１万4000ドル近くでおそらく抵抗に遭うだろう。インフレが収まりだして、次の超大型好況が始まる2017～2018年には、再び8000ドルの支持線を試すと予想される。2020年までに１万5000ドルの抵抗線を試して、短期的に押したあとに、2022年の２万5000ドルに向けて上昇していくはずだ。強気相場の中間で起きる2022年の下落相場のあと、ダウ平均は３～４年で４万ドルに向かって急激に上昇するだろう。

まとめ

●アメリカが海外で軍事行動を続けるかぎり、好景気と相場の上昇は抑えられる。

●平和が支配的になると、政府と民間部門は協力を促されて、技術革新と経済成長の刺激となる。

●住宅、雇用、ダウ平均、消費者信頼感、インフレに関する各指標は次の超大型好況の始まりを告げる。

第5章　政治がポートフォリオに影響を与えるとき
――大統領選挙の周期が相場に与える影響
Your Portfolio Gets Political

ウォール街で起きることはワシントンで起きることと密接不可分に関連している。ストック・トレーダーズ・アルマナックは50年間にわたって、４年ごとの大統領選挙と株式相場の周期の重要性について説明し、立証してきた。４年周期は私たちの指標の「定番」だ。

誤解しないでほしい。私は相場に歴史的パターンや季節性があるという考えを強く支持するが、歴史はけっしてまったく同じようには繰り返さないということも十分理解している。歴史は長年にわたってかなりの精度で、現在の相場の方向を探ったり、将来の大きなトレンドを予測したりするための指針となってきた。私たちがアルマナックを利用する投資家に望むことは、必ずしも正確に歴史的パターンに従うのではなく、それらのパターンを頭に入れておき、いつそれを意識すべきかを知ってほしいということだ。

権力の座にとどまるために、政府はいかにして景気を操るか

大統領選挙は景気と株式相場に重大な影響を及ぼす。戦争、不況、弱気相場は大統領の任期の前半に起きるか始まり、繁栄の時期と強気相場は後半に起きる傾向がある。最大の上昇は、就任後２年間の弱気相場のあとの３年目に現れやすい。

このパターンは非常に説得力がある。アンドリュー・ジャクソンの１期目の政権以降、４年ごとの全パターンを**図5.1**にまとめた。1833年以降の44政権で、後半の２年（大統領選挙の前年と大統領選挙の年）を合計すると、相場の純上昇率が724.0％に達するが、これは偶然ではない。この上昇率と比べると、これらの政権の前半２年の上昇率273.1％が小さく見える。

再選を勝ち取るために、大統領たちは痛みを伴う取り組みのほとんどを任期の前半に行う。そして、後半になると景気刺激策を打って、有権者が投票所に出かけるときに最も好景気になるようにしがちである。中間選挙の年に相場で付ける底のかなりの割合は、私が最悪の６カ月（５～10月）と呼ぶ期間に見られる。2000年に向けての強気相場の間、ダウ平均は1992～1999年の９年連続で上昇したが、その後は４年の選挙サイクルが復

図5.1　大統領選挙の４年周期で見られるダウ平均の年上昇率（1833～2011年）

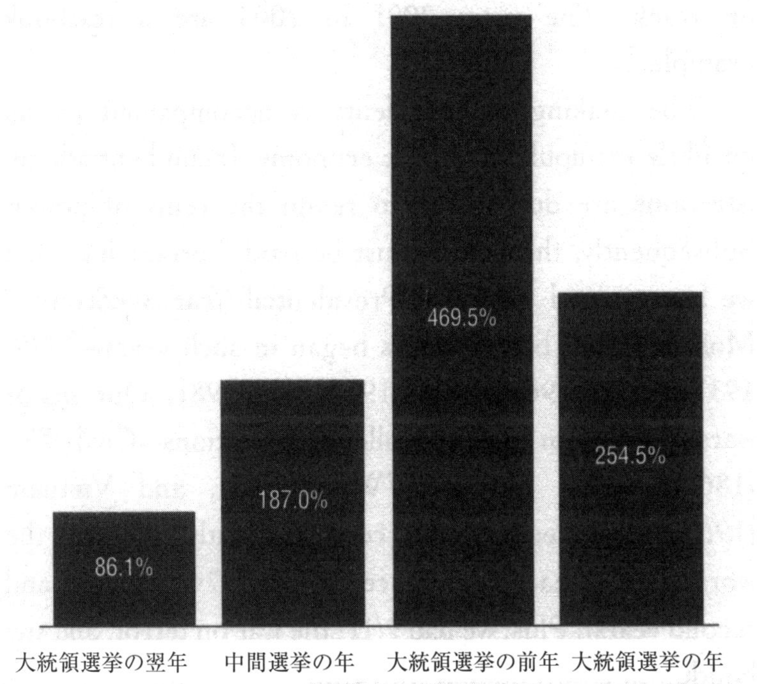

年末終値に基づく。1886年以前はコウルズなどの指数に基づく。複数業種12銘柄、鉄道株10銘柄、工業株２銘柄　1886～1889年。複数業種20銘柄、鉄道株18銘柄、工業株２銘柄　1890～1896年。鉄道株平均　1897年（1896年５月26日に発表された最初の工業平均）。

活したように見える。2001～2004年はその典型的な例だった。

大統領の成功の裏には景気のあからさまな操作がある。現職大統領は政権を維持する義務がある。その結果、「ツケを払う」ために、私たちが「大統領選挙の翌年症候群」と名づけた状況が生まれる。ほとんどの大きくて悲惨な下落相場は大統領選挙の翌年――1929年、1937年、1957年、1969年、1973年、1977年、1981年――に始まった。主要な戦争も選挙の翌年――南北戦争（1861年）、第１次世界大戦（1917年）、第２次世界大戦（1941年）、ベトナム戦争（1965年）――に始まった。1973年と1974年（任期１年目と２年目）以降で、連続して最悪だった年は大統領選挙の翌年の2001年と2002年だった。この年にはさらに、9.11やテロとの戦い、イラクとの対立の高まりもあった。

景気を操作していることを証明する冷厳な事実はエドワード・R・タフティの著書『Political Control of the Economy（ポリティカル・コントロール・オブ・ジ・エコノミー）』に書かれている。１人当たり可処分所得を増やして、投票権を持つ市民に幸福感を植え付けようと意図した景気刺激策には、財政赤字、政府支出、社会保障給付の増額、政府借入金の金利引き下げ、それに以下に挙げる財政支援の前倒しがある。

●**政府支出**　1962～1973年の間、政府支出は大統領選挙がない年よりもある年のほうが平均して29％多かった。

●**社会保障給付**　1952～1974年の期間に９回の引き上げがあった。大統領選挙の年に引き上げた６回のうち半分は、投票日の８週間前の９月から実施された。引き上げ幅は中間選挙の年よりも大統領選挙のときのほうが平均して100％大きかった。

●**実質可処分所得**　1947～1973年のうち、アイゼンハワーの任期中を除くすべての大統領選挙の年に、可処分所得の上昇が速まった。大統領選挙の前年以外の奇数年で、可処分所得の上昇が著しく速まったのは1973年だけである。

これらの動きは明らかに偶然の一致ではなく、株式相場に政治的な４年周期が現れやすい理由の説明になっている。

私たちは1981～1982年にツケを払い、その後８年間のロナルド・レーガン政権下では景気が拡大した。しかし、この政権はアメリカが独立して以来200年の全財政赤字よりもさらに大きな赤字を生み出した。

1987年８月11日にアラン・グリーンスパンはポール・ボルカーからFRB（連邦準備制度理事会）議長の座を引き継ぎ、経済を順調に動かし続けてきた。しかし、ペルシャ湾での外的要因（イラクのクウェートへの侵攻）のため、1990年８月には本物の不況に陥った。この不況は長く続いて、1992年にブッシュ大統領の再選を妨げた。このほかにも、20世紀では３人の現職大統領が再選を果たせなかった。共和党が２つに割れた1912年のタフト、大恐慌が深刻だった1932年のフーバー、イラン人質事件の最中だった1980年のカーターである。

ビル・クリントンは驚くべき景気拡大と相場上昇があった1990年代に、２期を務めた。クリントンは元ゴールドマン・サックス会長のロバート・ルービンに長期にわたって財務省を運営してもらおうと心を砕き、政権がウォール街、実業界、FRBと円滑で有益な関係を築くための手助けをさせようとした。

ジョージ・W・ブッシュは不況、1970年代以降で最も耐え難い弱気相場、第１期前半（2001～2002年）の軍事行動を通じて、巧みに国を運営した。イラク戦争での素早い初期の成功と大幅減税は、配当に対する減税というウォール街へのお土産を含めて、大統領選挙の前年に当たる2003年の経済と株式相場を刺激する役に立った。彼の第１期目の金利引き下げと規制緩和の継続は、やがて信用バブルに火を付けて、大統領選挙の前年の2007年に相場は史上最高値（ダウ平均とS&P500）を付けた。

バラク・オバマが就任したのは、世界の市場が金融危機に巻き込まれたために、大恐慌以降で最悪の不況と1900年以降で２番目に悪い弱気相場に見舞われた時期だった。彼は不況やその影響と闘うために、財政と金融の刺激策をかつてない規模で行った。大統領選挙の４年周期は危機や景気回復の努力で見えなくなったが、2010年には再びその影響が現れていた。

政治の行き詰まりは相場にとって良い場合もあるが、大統領が民主党員か共和党員かは関係あるだろうか？　連邦議会では

６つのパターンが考えられる。共和党が優勢な議会と共和党の大統領、民主党が優勢な議会と共和党の大統領、上院と下院でねじれた議会と共和党の大統領、民主党が優勢な議会と民主党の大統領、共和党が優勢な議会と民主党の大統領、上院と下院でねじれた議会と民主党の大統領だ。

まず、民主党と共和党の大統領の下でダウ平均が過去にどういう動きをしたかを確かめると、一般に信じられていることとは逆のパターンが見えてくる。ダウ平均は共和党の大統領の下でよりも、民主党の大統領の下でのほうがずっとパフォーマンスが良かったのである。歴史を振り返ると、共和党の大統領のときは年率で6.8％の上昇だったが、民主党の大統領のときは10.0％の上昇だった。

しかし、議会の場合は逆の結果になる。議会で共和党が優勢なときは、ダウは年平均で16.8％上昇しているが、民主党が優勢なときは6.1％の上昇にとどまる。

大統領も議会も共和党の支配下にあるときは、ダウは年平均14.1％の上昇をしていた。逆に、両方とも民主党の支配下にあるときは、7.4％しか上昇しなかった。権力が二分されているときには、大統領が共和党で、議会では民主党が優勢な場合、ダウの動きはあまり良くなく、年平均で6.7％しか上昇しなかった。全投資家にとって最高のシナリオは、民主党政府のときに共和党が議会を支配している場合で、平均19.5％の上昇だっ

図5.2　政治協力のパターン別に見た相場の動き

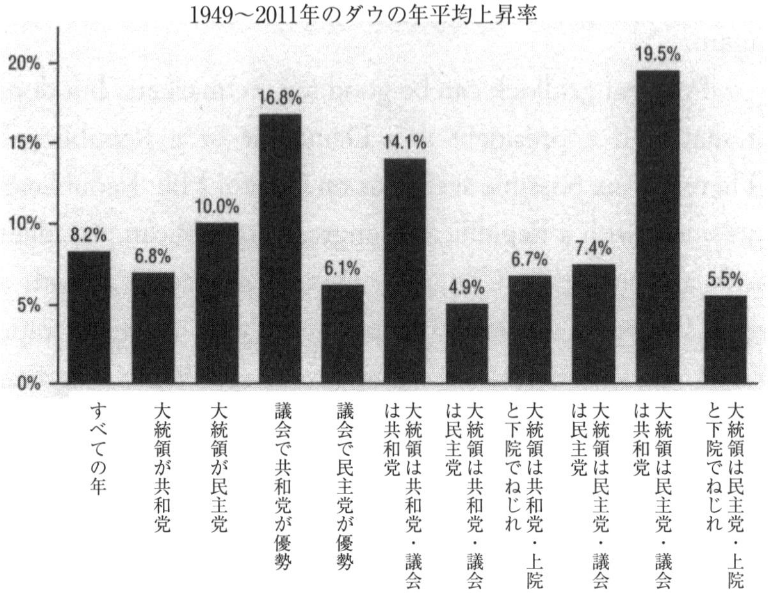

た。最も悲惨な状況は大統領が共和党のときに、議会では民主党が支配している場合で、年平均でわずかに4.9％しか上昇しなかった。これは2008年にダウ平均が33.8％下落したのが主因である。**図5.2**を参照してほしい。

大統領選挙の翌年症候群――ツケを払う

現在の政治では避け難いことだが、大統領選挙がある年には、政府は経済を良く見せて有権者に感銘を与え、不人気な政策の実行を開票後まで先延ばしにする傾向がある。これが大統領選挙の翌年症候群というアメリカの現象を生み出す。大統領就任１年目のこの年は就任記念舞踏会で始まるが、その後にはツケを払わざるを得ない。そのため、私たちは過去99年にたびたび高い代償を払ってきた。

勝利した候補者が、「平和と好景気」を実現するという選挙公約を果たすことはめったにない。過去25回の大統領選挙の翌年を振り返ると、３大戦争――第１次世界大戦（1917年）、第２次世界大戦（1941年）、ベトナム戦争（1965年）――が始まり、４回の劇的な弱気相場は大統領選挙の翌年（1929年、1937年、1969年、1973年）に始まった。2001年は9.11の同時多発テロ攻撃、不況、長引く弱気相場で苦しんだ。世界的な金融危機と大不況のため、2009年のダウ平均は大幅安に見舞われて、２番目にひどい下落相場になった。1913年、1917年、1921年、1941年、1949年、1953年、1957年、1977年、1981年には、そこまで厳しくない下落相場が起きたか進行中だった。アメリカが平和と好景気に恵まれたのは1925年、1989年、1993年、1997年だけだった（**表5.1**を参照）。

表5.1　1913年以降の大統領選挙の翌年の記録

年	大統領	結果
1913	ウィルソン（民）	小さな下落相場
1917	ウィルソン（民）	第１次世界大戦と下落相場
1921	ハーディング（共）	戦後不況と下落相場
1925	クーリッジ（共）	平和と好景気、万歳！
1929	フーバー（共）	市場最悪の暴落
1933	ルーズベルト（民）	通貨切り下げ、銀行破たん、不況は続くが相場は強い
1937	ルーズベルト（民）	再度の暴落、20％の失業率
1941	ルーズベルト（民）	第２次世界大戦と長引く下落相場
1945	ルーズベルト（民）	戦後の産業界の不況、1946年の暴落に先立つ強い相場
1949	トルーマン（民）	小さな下落相場
1953	アイゼンハワー（共）	朝鮮戦争後の下落相場
1957	アイゼンハワー（共）	大幅な下落相場
1961	ケネディ（民）	ピッグズ湾での大失敗、1962年の暴落に先立つ強い相場
1965	ジョンソン（民）	ベトナム戦争の拡大、1966年に長期弱気相場が始まる
1969	ニクソン（共）	1937年以降で最悪の弱気相場の始まり
1973	ニクソン、フォード（共）	1929年以降で最悪の弱気相場の始まり
1977	カーター（民）	優良株の下落
1981	レーガン（共）	再び下落相場
1985	レーガン（共）	弱気相場の兆候なし
1989	ブッシュ（共）	1987年の暴落の影響は消える
1993	クリントン（民）	S&Pは7.1％の上昇、翌年は1.5％の下落
1997	クリントン（民）	S&Pは31.0％の上昇、翌年は26.7％の上昇
2001	G・W・ブッシュ（共）	9.11、不況、弱気相場が深刻化
2005	G・W・ブッシュ（共）	横ばいの年、最も狭いレンジ相場、ダウ平均は0.6％の下落
2009	オバマ（民）	金融危機による下落相場が底打ち

民主党政権が外国に介入したあとの1921年（第１次世界大戦）、1953年（朝鮮戦争）、1969年（ベトナム戦争）、1981年（イランアメリカ大使館人質事件）と、大統領のスキャンダルのあとの2001年には、共和党が政権に返り咲いた。これらの大統領選挙の翌年いっぱいか一時期には、下落相場が続いた。

民主党が政権に返り咲いたのは1913年（共和党の分裂）、1933年（株式市場の大暴落と恐慌）、1961年（不況）、1977年（ウォーターゲート事件）、1993年（景気の低迷）、2009年（金融危機）と、共和党政権下で国内問題が起きたあとだった。民主党が再び政権の座に着いた年が、共和党内の紛争やスキャンダルが起きたあとだったときには弱気相場になり、景気が悪かった時期のあとだったときには強気相場になった。

過去を振り返ると、大統領選挙の翌年（就任１年目）の相場は、民主党が共和党から政権を奪取したときのほうが逆のときよりも良かった。これまでのところ、民主党は国内で問題が起きたときに権力を握り、共和党は海外で問題が起きたときに権力を握った。

ウィルソンは共和党が分裂したあとで、カーターはウォーターゲート事件のあとで大統領選挙に勝った。ルーズベルト、ケネディ、クリントンは経済が悪い時期に勝った。民主党政権下で大きな戦争が始まったあとには共和党が政権を奪取して、ハーディング、アイゼンハワー、ニクソンが恩恵を受けた。イランでの人質事件ではジミー・カーターが頼りなく見えたために、レーガンが支持された。不況も外国との厄介な紛争もなかった時期にブッシュが有利な立場に立てたのは、クリントンのスキャンダルのおかげだった。ジョージ・W・ブッシュはバラバラの民主党と「戦時中の大統領」という地位のおかげで、2004年に再選された。金融危機とこの数世代で最悪の不況が起きたせいで、2008年にはオバマがホワイトハウス入りした。

また注目すべきことに、1913年以降、大統領選挙の翌年に付けた高値から翌年の中間選挙の年に付けた安値まで、ダウ平均は平均して20.9%下げている。

中間選挙の年——底値拾いの絶好な機会

アメリカの大統領は過去2世紀の間、4年ごとに4人（正副大統領）で競い合ってきた。中間選挙では大統領の所属政党が必ず議席を減らす。大統領は残りの2年間に財政政策をこまめに調整して、連邦支出、可処分所得、社会保障手当を増やして、金利とインフレを引き下げようとする。大統領選挙の当日までに、彼は有権者の心に食い込んで寄付金を集め、うまくいけば、ホワイトハウスでさらに4年間、所属政党のために政府を運営しているだろう。

選挙運動と就任記念舞踏会が終わって統治が始まると、相場は下げに転じる傾向がある。事実上すべての弱気相場は大統領選挙後の２年間に始まって、終わった。底入れは危機の気配が漂うなかで起きることが多かった。1962年のキューバ危機、1966年の金融市場のひっ迫、1970年のカンボジア侵攻、1974年のウォーターゲート事件とニクソンの辞任、1982年の国際通貨危機がその例だ。危機が株式市場に良い機会をもたらすことも多いのだ。1961年以降に４年周期は13回あったが、その期間中の16回の弱気相場のうち９回は、中間選挙の年に底入れをした（**表5.2**を参照）。

普通は、大統領選挙後の１年目か２年目のどこかで、相場に大きな調整がある。過去13回の中間選挙の年のうち９回で、弱気相場が始まるか進行中だった。一方、1994年は横ばいだったが、1986年、2006年、2010年は強気相場だった。

中間選挙の年で最も小さな上昇は1946年の安値からの14.5％の上昇だったが、これは第２次世界大戦後に起きた産業界の不況の時期に当たる。この次に小さな４回の上昇は、1978年の21.0％（OPEC［石油輸出国機構］が原油価格の引き上げを発表、イラン革命）、1930年の23.4％（大恐慌）、1966年の26.7％（ベトナム戦争）、そして、2010年の32.3％（ヨーロッパの債務危機）だった。

1914年以降、ダウ平均は中間選挙の年に付けた安値から大統領選挙前年の高値まで、平均して48.6％上昇している。その変

表5.2　1914年以降の中間選挙の年の記録

年	大統領	結果
1914	ウィルソン（民）	７月に底入れ。戦争のため市場が閉鎖される
1918	ウィルソン（民）	年始の12日前に底入れ
1922	ハーディング（共）	年始の４カ月半前に底入れ
1926	クーリッジ（共）	唯一の下落（７週で－17％）は３月30日で終わる
1930	フーバー（共）	1929年の暴落は30年まで続き、底入れせず
1934	ルーズベルト（民）	ルーズベルト一期目の下落相場、２月から７月26日の底までで－23％
1938	ルーズベルト（民）	1937年の急落は３月に終わり、ダウは－49％
1942	ルーズベルト（民）	第２次世界大戦中の４月に底入れ
1946	トルーマン（民）	５月に天井を付け、10月に底入れ
1950	トルーマン（民）	1949年６月に底入れ。1950年６月に朝鮮戦争の勃発で14％の下落
1954	アイゼンハワー（共）	1953年９月に底入れ後、棒上げ
1958	アイゼンハワー（共）	1957年10月に底入れ後、棒上げ
1962	ケネディ（民）	６月と10月に底打ち
1966	ジョンソン（民）	10月に底入れ
1970	ニクソン（共）	５月に底入れ
1974	ニクソン、フォード（共）	12月にダウの底、10月にS&Pの底
1978	カーター（民）	３月に底打ちしたが、10月に大幅下落
1982	レーガン（共）	８月に底入れ
1986	レーガン（共）	1985年も86年も底入れせず上昇
1990	ブッシュ（共）	10月11日（クウェートへの侵攻）に底入れ
1994	クリントン（民）	10％の下落後、４月４日に底入れ
1998	クリントン（民）	10月８日に底入れ（アジア通貨危機、ヘッジファンドの失敗）
2002	G・W・ブッシュ（共）	10月９日に底入れ（企業の不正行為、テロ攻撃、イラクを非難）
2006	G・W・ブッシュ（共）	2006年底入れせずに上昇（イラク新政府の発足、信用バブル）
2010	オバマ（民）	2009年３月に底入れ後、棒上げ

表5.3　中間選挙の年の安値から大統領選挙の前年の高値までのダウ平均の変化率

	中間選挙の年の安値		大統領選挙前年の高値		
	安値の日	ダウ平均	高値の日	ダウ平均	上昇率
1	1914年７月30日*	52.32	1915年12月27日	99.21	89.6
2	1918年１月15日**	73.38	1919年11月３日	119.62	63.0
3	1922年１月10日**	78.59	1923年３月20日	105.38	34.1
4	1926年３月30日*	135.20	1927年12月31日	202.40	49.7
5	1930年12月16日*	157.51	1931年２月24日	194.36	23.4
6	1934年７月26日*	85.51	1935年11月19日	148.44	73.6
7	1938年３月31日*	98.95	1939年９月12日	155.92	57.6
8	1942年４月28日*	92.92	1943年７月14日	145.82	56.9
9	1946年10月９日	163.12	1947年７月24日	186.85	14.5
10	1950年１月13日**	196.81	1951年９月13日	276.37	40.4
11	1954年１月11日**	279.87	1955年12月30日	488.40	74.5
12	1958年２月25日**	436.89	1959年12月31日	679.36	55.5
13	1962年６月26日*	535.74	1963年12月18日	767.21	43.2
14	1966年10月７日*	744.32	1967年９月25日	943.08	26.7
15	1970年５月26日*	631.16	1971年４月28日	950.82	50.6
16	1974年12月６日*	577.60	1975年７月16日	881.81	52.7
17	1978年２月28日*	742.12	1979年10月５日	897.61	21.0
18	1982年８月12日*	776.92	1983年11月29日	1287.20	65.7
19	1986年１月22日	1502.29	1987年８月25日	2722.42	81.2
20	1990年10月11日*	2365.10	1991年12月31日	3168.84	34.0
21	1994年４月４日	3593.35	1995年12月13日	5216.47	45.2
22	1998年８月31日*	7539.07	1999年12月31日	11497.12	52.5
23	2002年10月９日*	7286.27	2003年12月31日	10453.92	43.5
24	2006年１月20日	10667.39	2007年10月９日	14164.53	32.8
25	2010年７月２日**	9686.48	2011年４月29日	12810.54	32.3
				平均	**48.6%**

*下落相場が終わった年

**前年が下落相場

動幅は、１万ドルから１万5000ドルまで、あるいは１万3000ドルから１万9500ドルまでの値動きに等しい（**表5.3**を参照）。

大統領選挙の前年――1939年以降にダウ平均が下落した年はない

1939年は第２次世界大戦による混乱のせいで、ダウ平均は2.9％下げたが、それ以降で大統領の任期３年目にダウ平均が下げたことは１回もない。100年前まで振り返って大統領選挙の前年を見ると、大きく下げたのは大恐慌の時期の1931年だけだった。

大統領選挙が４年ごとにあるため、株式相場には政治的な周期が作られてきた。ほとんどの下落相場は大統領選挙後の１～２年目に起きる。その後に、相場は良くなる。どの政権も大統領選挙が近づくと、力の及ぶかぎり景気のテコ入れをして、有権者の支持を得ようとするのが普通だからだ。**表5.4**を見さえすれば、それが分かる。

大統領選挙の年の見通しと観察

４年ごとの大統領選挙の結果を12～18カ月前に予測できるなら、そこから選挙のある年の相場について、洞察が得られるに

表5.4　1915年以降での大統領選挙前年の記録

年	大統領	結果
1915	ウィルソン（民）	ヨーロッパで第1次大戦。だが、ダウは＋81.7％
1919	ウィルソン（民）	休戦後、年初から11月3日の天井までダウは＋45.5％。年では＋30.5％
1923	ハーディング、クーリッジ（共）	ティーポット・ドーム事件の影響でダウは－3.3％
1927	クーリッジ（共）	強気相場が続き、＋28.8％
1931	フーバー（共）	大恐慌で株価は半値に。ダウ－52.7％、S&P－47.1％
1935	ルーズベルト（民）	ほぼ棒上げで、S&P＋41.2％、ダウ＋38.5％
1939	ルーズベルト（民）	戦争の暗雲でダウ－2.9％、S&P－5.5％。だが、4～12月では＋23.7％
1943	ルーズベルト（民）	アメリカ参戦。展望の好転で、S&P＋19.4％、ダウ＋13.8％
1947	トルーマン（民）	S&Pは変わらず、ダウ＋2.2％
1951	トルーマン（民）	ダウ＋14.4％、S&P＋16.5％
1955	アイゼンハワー（共）	ダウ＋20.8％、S&P＋26.4％
1959	アイゼンハワー（共）	ダウ＋16.4％、S&P＋8.5％
1963	ケネディ、ジョンソン（民）	ダウ＋17.0％、S&P＋18.9％
1967	ジョンソン（民）	ダウ＋15.2％、S&P＋20.1％
1971	ニクソン（共）	ダウ＋6.1％、S&P＋10.8％、ナスダック＋27.4％
1975	フォード（共）	ダウ＋38.3％、S&P＋31.5％、ナスダック＋29.8％
1979	カーター（民）	ダウ＋4.2％、S&P＋12.3％、ナスダック＋28.1％
1983	レーガン（共）	ダウ＋20.3％、S&P＋17.3％、ナスダック＋19.9％
1987	レーガン（共）	10月の暴落にもかかわらず、ダウ＋2.3％、S&P＋2.0％。ナスダックは－5.4％
1991	G・H・W・ブッシュ（共）	ダウ＋20.3％、S&P＋26.3％、ナスダック＋56.8％
1995	クリントン（民）	ダウ＋33.5％、S&P＋34.1％、ナスダック＋39.9％
1999	クリントン（民）	新世紀の熱狂が絶頂に。ダウ＋25.2％、S&P＋19.5％、ナスダック＋85.6％
2003	G・W・ブッシュ（共）	サダム・フセイン政権の崩壊後に上昇、ダウ＋25.3％、S&P＋26.4％、ナスダック＋50.0％
2007	G・W・ブッシュ（共）	弱気相場と大不況が始まる前に、信用バブルで史上最高値。ダウ＋6.4％、S&P＋3.5％、ナスダック＋9.8％
2011	オバマ（民）	ヨーロッパの債務危機。ダウ＋5.5％、S&P－0.003％、ナスダック－1.8％

違いない。残念ながら、それは無理なので、1900年以降に同じ政党が政権を維持できた17回のパフォーマンスを合計してみた。すると、大統領選挙の年のダウは年平均で15.3％上昇していた。しかし、「与党」が追い出された残りの11回では、ダウは年平均で4.4％下落していた。

第２代大統領の息子であるジョン・クインシー・アダムズとベンジャミン・ハリソンは再選を目指したが、敗れた。ラザフォード・Ｂ・ヘイズは1880年に再選の立候補をしなかった。

戦争が終わるころには、戦時中の大統領の人気はしばしば衰えているか、消えているように見える。そして、次の大統領選挙が巡ってくる。民主党は第１次世界大戦（1920年）、朝鮮戦争（1952年）、ベトナム戦争（1968年）のあとで政権の座を明け渡した。砂漠の嵐作戦が実行されている間もその後も、共和党の支持率は非常に高かった。それでも、共和党は1992年に政権を失った（20世紀で最も偉大な指導者であるイギリスのウィンストン・チャーチルでさえ、連合国が圧倒的な勝利をした直後の1945年７月に政権を失った）。現代で戦後も政権を維持できたのは、民主党のトルーマンだけである。彼は第２次世界大戦が終わったあと、1948年の選挙で非常に人気があった対立候補のデューイをなんとか破った。2004年はまだイラクでの戦闘やテロとの戦いが続いていたために、ブッシュの人気はまだ高かった。これらの６回の大統領選挙の年に、株価が大きく上昇することはなかった。

戦争が続いているか迫っているとき、有権者はたいてい「旗の下に集まる」ものだ。20世紀に再選された大統領には、第1次世界大戦前のウィルソン（1916年）、アメリカが第2次世界大戦に参戦する前に3期目を目指したルーズベルト（1940年）が含まれる。戦争が続いていたので、ルーズベルトは4期目（1944年）、ニクソンは2期目（1972年）も選ばれた。ダウ平均は最初の2例では下げて、あとの2例では上げた。19世紀では、米英戦争中の1813年にマディソンが、南北戦争中の1864年にリンカーンが、それぞれ再選されている。

市場外で何らかのイベントが起きたときを別にして、相場は現職大統領が再選されたときのほうが、敗れたときよりも良い動きをしやすい。副大統領からの昇格ではなく、選挙で選ばれた大統領が再選を目指したことは、過去100年で13回ある。そのうち、現職が再選されたときにはダウは平均で6.9％上昇しているが、負けたときには平均で0.9％しか上昇していない。再選された9人のうち、戦争中か戦争の恐れがあったときに出馬した5人の年には、ダウは平均で2.6％しか上昇しなかった。ほかの4人（ルーズベルト、アイゼンハワー、レーガン、クリントン）の年には平均で12.4％上げた。

大統領の所属政党が変わったことは、1900年以降で10回ある。20世紀のほとんどで、外国との混乱が修復されるか、さらに悪化したあと、民主党は政権の座を明け渡した。一方、共和党が政権を降りたのは国内でうまくいかなかったときだった。先ほど述べた戦争に加えて、民主党はイラン人質事件があった1980年にも、政権の座から滑り落ちた。共和党が国内問題のせいで負けたのは、1912年（党の分裂）、1932年（恐慌）、1960年（不況）、1976年（ウォーターゲート事件）、2008年（金融危機）のときだった。

現職大統領が出馬した年のダウは９％上昇

1896年にダウ平均が算出され始めて以降、現職大統領が再選を目指して出馬した大統領選挙は19回あった。この19回のうち14回で、ダウ平均は上昇した。５％以上も下げたのは２回しかなかった。ダウ平均史上で最悪の弱気相場だった1930年４月から1932年７月までに、優良株から構成されるダウ平均は86％下げた。大恐慌から抜け出せない1932年は23.1％の下落だった。フーバー大統領はこの年に再選を目指して敗れた。また、彼は相場が下げていたときに敗れたただ一人の現職大統領でもあった。

皮肉にも、現職が敗れたほかの４回の大統領選挙の年には、ダウ平均は上昇している。第２次世界大戦でヨーロッパが荒廃した1940年には、12.7％下げた。これら19回の年のすべてを平均すると、ダウ平均は９％上げている。現職が敗れたときには4.3％しか上げなかったが、現職が再選されたときには10.7％上げた。相場は人気がある大統領の再選や、不人気の大統領が政権の座を降りたことを祝福して上昇する。**表5.5**でそれが分かるだろう。

大統領選挙の年の最後の７カ月で下げたのは２回だけ

昔から、大統領選挙がある年には相場が上昇している。どの政権も有権者の心が離れないように、恥知らずにも経済を刺激しようとする。しかし、時には打ちのめされるイベントが起きて、相場は暴落する。そうなると、たいてい政権交代が起きる。1920年に共和党が勝利したのは、戦後の景気の落ち込みとウィルソン大統領の病気のためだった。ダウ平均が20世紀で最低水準を記録した1932年の大恐慌のときに、民主党は政権に返り咲いた。世界が戦争のさなかにあり、パリが陥落して市場に衝撃が走った1940年に、ルーズベルトは前例のない３期目の大統領選挙で勝利した。冷戦での対立に加えて、人気が高かったデューイにトルーマンが歴史的な勝利を収めると、相場は1948年の終わりまで下げ続けた。

1948年以降の大統領選挙があった年には、初期の短期間を除

表5.5　1896年以降、大統領選挙の年のダウ変化率――現職が再選されるかどうかでの違い

年	大統領	ダウの変化率	
1900	マッキンレー（共）	7.0	勝利
1904	T・ルーズベルト（共）	41.7	勝利。マッキンレーの死後、T・ルーズベルトが就任
1912	タフト（共）	7.6	敗北
1916	ウィルソン（民）	－4.2	勝利
1924	クーリッジ（共）	26.2	勝利。ハーディングの死後、クーリッジが就任
1932	フーバー（共）	－23.1	敗北
1936	F・ルーズベルト（民）	24.8	勝利
1940	F・ルーズベルト（民）	－12.7	勝利
1944	F・ルーズベルト（民）	12.1	勝利
1948	トルーマン（民）	－2.1	勝利。F・ルーズベルトの死後、トルーマンが就任
1956	アイゼンハワー（共）	2.3	勝利
1964	ジョンソン（民）	14.6	勝利。ケネディの死後、ジョンソンが就任
1972	ニクソン（共）	14.6	勝利
1976	フォード（共）	17.9	敗北。ニクソンの辞任後、フォードが就任
1980	カーター（民）	14.9	敗北
1984	レーガン（共）	－3.7	勝利
1992	G・H・W・ブッシュ（共）	4.2	敗北
1996	クリントン（民）	26.0	勝利
2004	G・W・ブッシュ（共）	3.1	勝利
	平均上昇率	9.0%	
	上昇数／下落数	14/5	
	勝利のときの上昇率	10.7%	
	敗北のときの上昇率	4.3%	

いて、投資家が相場で痛手を被ったことはほとんどない。例外は、2000年と2008年だった。この２回はバブルがはじけた年で、2000年はハイテク株とネット株のバブル、2008年は信用バブルがはじけた。こうしたことが2012年に再び起きる可能性は、規制に関する大きな失敗か金融危機、あるいは政治的な誤算か市場外でのイベントを除けば、ほとんどない。

以下の点を考慮すると、大統領選挙がある年の最後の７～８カ月では、相場はたいてい極めてポジティブになる。

- 1952年以降、大統領選挙があった年の15回のうち８回で、１～４月に下落した。これら８回のうち６回で、大統領の所属政党が交代した。皮肉にも、上昇した７回のうち４回（1956年、1968年、1973年、1976年）の翌年には下落相場が始まった。
- ４月末と６月末を比べると、現職大統領が選挙に出馬しない1952年、1960年、1968年、1988年、2000年では、この60日間に上昇していることが分かる。
- 1952年以降に大統領選挙があった年の15回のうち９回で、７月に下げている（1960年、1968年、1976年、1984年、1988年、1996年、2000年、2004年、2008年）。このうちの５回は、党の全国大会があるこの時期に、強い現職が選挙に出馬していなかった。４～７月を通して見ると、６回でこの期間に下げていることに注意しておこう。このうち、最近４回は連続している。1972年はわずかな下げで、1984年は相場の調整時期だった。1996年と2000年は行きすぎたバブルの調整、2004年と2008年は信用バブルがはじけたせいだった。

●より長期で見るために、期間を12月まで延ばしてみると、大統領選挙があった年の最後の８カ月に相場が下げた年は３回だけであり、最後の７カ月では２回だけである。

現職が勝ったときと負けたとき

1944年以降で見ると、現職大統領に人気があるときには、相場は早くから上昇する傾向がある。しかし、不人気の政権が交代すると決まったときの11～12月はもっと上昇する（**図5.3**を参照）。

現職の大統領が再選された年では、３月、６月、10月、12月が最も良く、７月が最も悪い。現職が敗れたときには、１月、２月、９月、10月が最も悪い。皮肉にも、11月は現職が敗れた年に最も良く、勝った年には２番目に悪い。

ほかの面白い話を少ししておこう。大統領の所属政党が代わらなかった場合、10月に大きく下げた年はなかった（1984年はわずかな下げ）。また、６月と12月に下げたのは１回だけだった。共和党が勝ったとき、11月は合計で23.6％上昇した（勝敗がつかなかった2000年を除く）。民主党が勝ったときの11月は、合

図5.3　大統領選挙の年のS&P500のトレンド（1944～2008年）

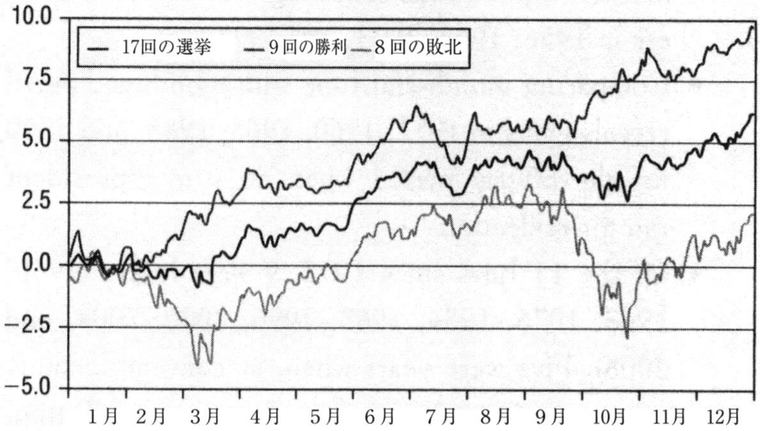

計で4.9%の下落だった。しかし12月には、民主党が16.4%、共和党が7.9%を「勝ち取った」。

まとめ

●政治と大統領選挙は相場に明らかな影響を及ぼす。戦争と評判の悪い政策は普通、大統領の任期１年目か２年目に行われて、下落相場の引き金になることが多い。大統領選挙の翌年の天井から中間選挙の年の安値まで、ダウ平均は1913年以降、平均して20.9％下げている。

●しかし、任期３年目に当たる大統領選挙の前年までには、政府の焦点は「景気刺激策の実施」に移る。政策は、国と有権者の経済的安定を促すために実施される。中間選挙の年の安値から大統領選挙の前年の天井まで、ダウ平均は1914年以降、平均して50％近く上げている。

第6章　株を買う絶好の季節
——確実に利益を上げるために、季節性に合わせたトレードをいつすべきか
Open Season for Stocks

トレードの完璧な戦略や戦術や手法というものは存在しないが、最高の６カ月での切り替えと私たちが呼ぶ手法には否定し難い実績がある。最高の６カ月は、基本的に「５月に売って、相場から離れなさい」という古い格言の裏面に当たる。相場で見られる季節性は文化的な行動の反映である。昔は農業が株価を動かす大きな要因だったので、８月は相場にとって最高の月だったが、今では最悪の月のひとつになっている。

これは、夏休みになると、トレーダーや投資家が取引フロアやコンピューター画面よりも、ゴルフコースや砂浜、プールサイドのほうを好むからだ。また、クリスマスショッピングで個人消費が増え、年末のボーナスが市場に流れ込むことに加えて、機関投資家がその年度の業績を良くしようと努力することも、第４四半期の相場を押し上げる助けになる。

そして、新年に入ると、楽天的な予測や積極的な気分が支配的になって、第4四半期と第1四半期に高い利益を期待できる。その後は、夏まで出来高が細りやすい。9月に入ると、人々は学校や仕事に戻り、第3四半期末の決算対策にポートフォリオの株を処分売りする。そのため、9月は平均して1年で最悪の月になる。季節性にはある程度の変化が生じているかもしれない。それでもデータを見るかぎり、株式相場には依然として季節ごとに明らかな傾向があることが分かる。

最高の6カ月でのトレード戦略

最高の6カ月に合わせて投資対象を切り替えるトレード戦略を用いると、一貫した結果が得られる。1950年以降の毎年、11月1日から4月30日までダウ平均に投資して、残りの6カ月の間は債券に切り替えていたら、少ないリスクで確実に利益が上がっていた。

11月、12月、1月、3月、4月は1950年以来、最高の月である。これに2月を加えると、見事なトレード戦略が出来上がる。この連続した6カ月に、ダウ平均は62年間で1万4654.27ドル上げた。このうち37年は上昇、25年は下落している。

一方、残る5月から10月までを見ると、1654.97ドル下げた。このうち、48年で上昇、14年で下落している。S&P500は同じ

図6.1　最高の6カ月での切り替え戦略（1950～2012年）

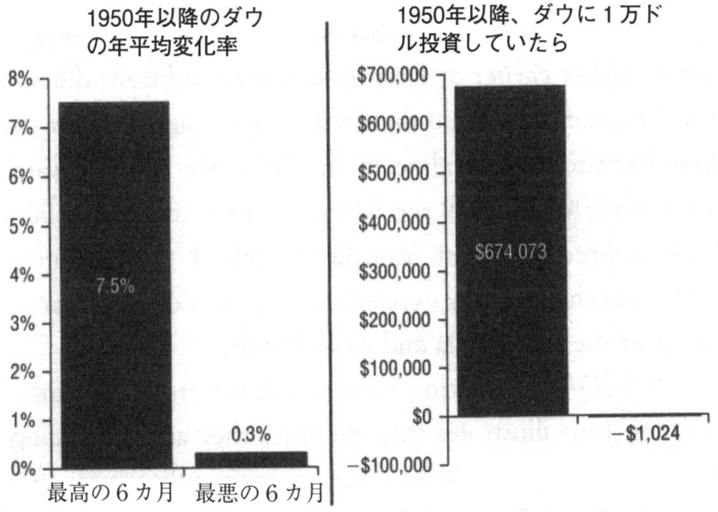

最高の６カ月で1477.55ポイント上げて、最悪の６カ月で97.71ポイント下げた。

図6.1はダウ平均に１万ドルを投資していた場合の複利の変化率を示す。11月から４月まで投資をしていたら、67万4073ドルの利益が得られた。それは５～10月に投資していた場合の1024ドルの損失を大きく上回る。11～４月で二けたの下落をしたのは３回だけだった。1970年４月（カンボジアへの侵攻）、1973年（OPEC［石油輸出国機構］の石油禁輸）、2008年（金融危機）だ。同様に、2003年のイラクでの戦闘は最高の６カ月

の上昇を弱めて、最悪の６カ月の下落を強めた。私たちがこの戦略を発見した1986年を見ると、11～４月は８万8163ドルの利益になり、５～10月の1522ドルの損失を上回っていた。過去25年では、５～10月の498ドルに対して、11～４月は58万5910ドルと、最高の６カ月に投資をしていたら、運用成績は大幅に向上していた。

時代が変わるとき

季節性にも変化が起きて、投資に都合の良い季節は前よりも長くなった。私は相場状況に合わせて、最高の６カ月での仕掛けや手仕舞いを前後に調整してきた。この手法は最終章で説明する。2007～2009年には、1974年以降で初めて最高の６カ月間に、数カ月続けて下落した。その後、2009年の最悪の６カ月に急上昇した。これはまさに1974年の大底で起きたことと同じで、私たちの戦略はその後の1970年代後期から1980年代初期のレンジ相場の時期に効果を発揮した。

ナスダックは11月から６月までの８カ月で驚くべき上昇をした。これは時代が変わったことを示している。1971年以降、これらの８カ月に１万ドルを投資すると、38万4337ドルの利益になっていた。逆に、投資をしていない７～10月の４カ月は3196ドルの損失だった（2012年５月31日現在）。

表6.1　1971年以降、最高の月と最悪の月にナスダック、S&P、ダウに1万ドルを投資

月数	最高の6カ月	ナスダック	S&P	ダウ	月数	最悪の6カ月	ナスダック	S&P	ダウ
9	10/1～6/30	$350,180	$167,390	$175,769	3	7/1～9/30	−$ 3,795	−$ 3,624	−$ 3,433
8	11/1～6/30	$356,169	$144,829	$170,089	4	7/1～10/31	−$ 3,197	−$ 1,906	−$ 2,539
8	10/1～5/31	$273,992	$153,668	$187,038	4	6/1～9/30	−$ 2,133	−$ 3,054	−$ 3,892
6	11/1～4/30	$192,319	$ 97,502	$152,245	6	5/1～10/31	$ 1,838	$ 1,221	−$ 2,228
4	11/1～2/28	$ 99,775	$ 34,369	$ 40,846	8	3/1～10/31	$16,603	$21,866	$19,019
3	11/1～1/31	$ 91,774	$ 36,991	$ 38,963	9	2/1～10/31	$17,997	$19,288	$19,681

ナスダック、ダウ平均、S&P500を使って、季節性に基づくトレード戦略をさまざまな月数で見た結果が**表6.1**だ。これから、ナスダックに８カ月投資した場合が最も優れていると分かる。最高の６カ月のすべてで、ナスダックはS&P500のおよそ２倍かそれ以上になっているのだ。

第４四半期相場の魔法

四半期ベースで株式市場のパフォーマンスを調べると、興味深く役に立つパターンがいくつか明らかになる。第４四半期になると、魔法にでもかかったように相場は上昇した。それによって、長年にわたって最も一貫して最大の利益が得られたのだ。第１四半期のパフォーマンスがそれに次ぐ。これは驚くべきことではない。これらの２つの四半期には資金が流入して出来高が増え、普通は買いに大きく傾くからだ。

休暇シーズンが近づくと、相場に期待する気分が頂点に達して、春まで弱まることがない。機関投資家は年末の数字が最大になるようにポートフォリオの調整をするので、株価を押し上げる働きをする。年末年始にはボーナスが支払われて、投資に回る。

４年周期で絶好の買い時は、中間選挙の年の第４四半期に始まる。２期連続の四半期で最もパフォーマンスが良いのは、中

表6.2　ダウ、S&P、ナスダックの四半期の変化率

	Q1	Q2	Q3	Q4	年	Q2～Q3	Q4～Q1
ダウ平均（1949～2012年３月）							
平均	2.1%	1.6%	0.4%	3.9%	8.2%	2.0%	6.3%
大統領選挙の翌年	−1.1%	1.6%	0.2%	3.4%	4.4%	1.8%	5.2%
中間選挙の年	1.5%	−1.8%	−0.5%	7.3%	6.7%	−2.2%	**15.3%**
大統領選挙の前年	7.5%	5.3%	1.6%	2.3%	17.7%	6.8%	3.2%
大統領選挙の年	0.8%	1.2%	0.4%	2.3%	4.6%	1.6%	1.2%
S&P500（1949～2012年３月）							
平均	2.0%	1.7%	0.5%	4.1%	8.6%	2.3%	6.6%
大統領選挙の翌年	−1.2%	2.2%	0.4%	3.1%	4.8%	2.7%	4.3%
中間選挙の年	1.0%	−2.8%	0.1%	8.0%	6.4%	−2.7%	**16.0%**
大統領選挙の前年	7.5%	5.2%	1.1%	3.0%	17.1%	6.3%	4.6%
大統領選挙の年	1.4%	2.1%	0.6%	2.1%	6.1%	2.6%	1.0%
ナスダック（1971～2012年３月）							
平均	4.4%	3.3%	−0.4%	4.4%	11.9%	3.2%	9.1%
大統領選挙の翌年	−3.3%	6.8%	1.3%	4.2%	8.4%	8.1%	6.3%
中間選挙の年	2.1%	−3.4%	−5.2%	8.9%	1.7%	−8.1%	**23.3%**
大統領選挙の前年	13.8%	8.0%	1.7%	5.1%	30.9%	12.1%	7.8%
大統領選挙の年	3.9%	1.3%	0.6%	−0.6%	4.8%	2.4%	−3.1%

間選挙の年の第４四半期から大統領選挙前年の第１四半期までだ。この期間には平均で、ダウは15.3％、S&P500は16.0％、ナスダックは驚くことに23.3％上昇している。

この２四半期の強い相場も、大統領選挙前年の後半には衰える。それでも、大統領選挙の年いっぱいは見事な動きが続く。下落が支配的になるのは、大統領選挙翌年の第１四半期と第３四半期、中間選挙の年の第１四半期と第２四半期だ。**表6.2**を見てほしい。

完璧に調和した相場における２つの現象

相場における原則やパターンや戦略を改善して、正しさを証明し、誤りを暴こうとし続けながら、私は相場で最もよく現れる現象のうちの２つ――最高の６カ月と４年周期――を組み合わせた。それらは完璧ではないが、この２つのサイクルは時の試練に耐えてきた。

46年前に初めてアルマナックを出版して以来、株式市場で季節ごとに繰り返されるパターンと４年周期の大統領選挙・株式市場のサイクルは私たちのリサーチに不可欠だった。イェール・ハーシュは1986年に最高の６カ月を発見した。そのとき以来ずっと、それは季節に基づく投資分析と戦略の基礎になった。

相場の上昇はほとんどが最高の６カ月に起きている。そして、

表6.3　4年周期での4トレード

年	最悪の6カ月（5～10月）	最高の6カ月（11～4月）
大統領選挙の翌年	売り	買い
中間選挙の年	売り	買い
大統領選挙の前年	保有	保有
大統領選挙の年	保有	保有

一般に大統領の任期1年目（大統領選挙の翌年）か2年目（中間選挙の年）に底を打ち、3年目（大統領選挙の前年）に最大の上昇を見せる。中間選挙の年の権力争いに相場が苦闘して、夏が終わったら4年周期のなかで絶好の買い時に出合う。

相場に現れるこれら2つの現象の一番良い部分を組み合わせて、4年ごとに4回のトレードをするだけで、最高の6カ月の結果を3倍近くにすることができる。**表6.3**で示したように、この本の最終章で述べる単純なタイミングを計る指標を使えば、大統領選挙の翌年と中間選挙の年は売買を繰り返して、中間選挙の年の10月1日から大統領選挙の翌年の4月1日以降の適当な日まで、約2年半は持ち株を保有しておける。それによって、必要な努力と取引手数料と所得税の申告回数が減り、リターンは良くなるのだ。

安定した季節性

Ｊ・Ｐ・モルガンが言ったように、株価は変動するものの、そのパターンはたいてい毎年同じだ。技術や人の習慣は絶えず移り変わっているが、相場はどの年も同じサイクルを繰り返す。典型的な年には、大半の上昇は11～４月のわずか半年に起きる。これらの月にだけ投資をすれば、多くの重大な下落は５～10月に起きるので、リスクは半減か、さらに減り、利益はもっと着実に得られて、夏は以前よりも楽しくなるだろう。

しかし、最高の６カ月は、トレード戦術または投資戦略にだけ使うべきではない。この季節性の知識を利用して、投資全般でこれまでよりも良い判断をするように心がけるべきだ。相場が10月から３月までに大幅上昇をしたばかりなら、あまり積極的に多額の資金を株式市場に注ぎ込まないほうがよい。一方で、相場が大幅に下落したあと、10月に強く反転上昇をし始めたら、おそらく長期のポジションを取るのにふさわしい時期だろう。

最後に、季節性はそれ自体が指標になり得る。2007年10月から2008年３月までの相場の下落は、株価下落の機が熟しているという明らかな前兆だった。また、2009年３月から９月までにダウ平均が50％上昇したということは、世界的な金融危機や大不況、１世代で最悪の弱気相場が終わったという揺るぎない兆候だった。

まとめ

- １年で最高の６カ月は11月から４月までだ。
- 10月や11月に株を買って、４月や５月に売るという単純なトレード戦略を用いるだけで、ほとんどの年に利益を増やして、リスクを減らすことができる。
- 株式相場の季節性に注意を払えば、相場に対する洞察が得られ、あらゆる投資判断に役立つ。

第7章　魔女のオーラ
――オプションの満期日近くにトレードを調節
Aura of the Witch

ストック・トレーダーズ・アルマナックが創刊されて間もない1960年代後半から、私たちはオプションの満期日が株式相場に重大な影響を及ぼすことは分かっていた。私たちはそのころからずっと、個別株オプションの満期日について、投資家に注意を促していた。当初は、１年間の戦略カレンダーに注意書きをしていただけだった。その後、1977年に、アルマナックの読者が一見して分かるように、満期日を丸で囲むようにした。1987年には、週間カレンダーの各月の第３金曜日にどくろマークを入れて、オプションの満期日近くに相場が荒れやすいと、注意を促した。

１年後の1988年版には、株価指数先物が満期になる３月、６月、９月、12月の第３金曜日に３つのどくろマークを付けて、トリプルウイッチング（３人の魔女）という新しい用語を採用した。これはのちにウォール街で広く使われるようになった。2001年にはどくろマークを、今日使っている魔女のマークに取り替えた。月が潮の満ち引きに影響を及ぼすように、オプションと先物の満期日は市場への資金の流入や流出を生み出すボラティリティ（変動率）のサイクルのほうに株式相場を引き寄せて、株価の方向性に影響を与える。

金融市場の魔法

トレーダーは長らく、この四半期ごとに現れる現象のなぞを理解し、身につけようとしてきた。毎月の第３金曜日に、オプションは満期になるが、３月、６月、９月、12月には強力な魔女の集会になる。1982年６月にS&P500株価指数先物の取引が始まって以来、株価指数先物、個別株オプション、株価指数オプションのすべてが毎年４回、トリプルウイッチングとして知られる同じ日に満期になる。

最近になって個別株先物が登場したことで、「クアドラプルウイッチング（４人の魔女)」という表現も一部で使われるようになっている。しかし、個別株先物の市場はまだ比較的小さいので、この表現は十分に広まってはいない。最近はウィークリーオプションなどの非標準的なオプションが増えているが、株価指数先物の影響は減っていないし、トリプルウイッチングのサイクルもなくなってはいない。

どの証券取引所でも、ボラティリティと出来高の高まりはトリプルウイッチング――満期日の金曜日とそれまでの数日――に関連していることが多い。トリプルウイッチングのパターンと季節性を調べれば、これらの神秘的な魔法が明らかになり、エッジ（優位性）を引き出せる。そして、うまくいけば損失を防ぎつつ、利益を増やせるだろう。

長い間、私たちは一貫したトレードパターンを探して、トリプルウイッチングの満期日とその前後に、相場がどういう動きをするかを分析してきた。これはけっして簡単ではない。なぜなら、パターンが明白になるとすぐに、相場はたいていそれを予測するために、パターンが変化しがちだからだ。以下は、トリプルウイッチングの時期に、ダウ平均がどういう動きをするかを調べた結果の一部である。

魔女の季節

ここ10年で、トリプルウイッチングの週の相場は以前よりも強気になっている。また、これらの翌週は以前よりも弱気になっていて、特に第２四半期にそれが目立つ。1998年以降、６月のトリプルウイッチングの翌週にプラスになったことはない。トリプルウイッチングの週は、相場が横ばいの時期には下げがちで、弱気相場の時期には劇的に下げる傾向があった。

トリプルウイッチングの週に下げると、翌週も下げる傾向がある。これはとても面白いパターンだ。1991年以降、トリプルウイッチングに下げた29週のうち、その翌週の21週で下げている。その前の10年間がまさにこれと正反対のパターンだったことを考えると、これは驚くべきことだ。その当時には、トリプルウイッチングで下げた週が13回あったのだが、その翌週のうち12回で上げているからだ。

トリプルウイッチングの週を四半期ごとに分析すると、さらに明確なパターンが現れる。**表7.1**を見ると、第２四半期、第３四半期のトリプルウイッチングの週が非常に弱く、その翌週は悲惨であることがはっきりと分かるだろう。しかし、第１四半期、第４四半期には、安定した強気相場のほうが明らかに多い。

これらの強気相場は11～４月の最高の６カ月に現れるし、５～10月の最悪の６カ月のトリプルウイッチングの週にトレードをすれば惨めな結果になるが、これは偶然ではない。

1991年以降、第２四半期のトリプルウイッチングの週には、上昇が12回、下落が９回あった。その翌週は悲惨で、下落が19回、上昇はわずか２回しかなかった。トリプルウイッチングの週に上昇した12回のうちで、翌週にも上昇したのは１回だけだった。一方で、下落した９回のうちで、翌週にも下落したのは８回もあった。

表7.1　トリプルウィッチングの週と翌週のダウの変化（ドル）

	Q1の満期の週	翌週	Q2の満期の週	翌週	Q3の満期の週	翌週	Q4の満期の週	翌週
1991	−6.93	−89.36	−34.98	−58.81	33.54	−13.19	20.12	167.04
1992	40.48	−44.95	−69.01	−2.94	21.35	−76.73	9.19	12.97
1993	43.76	−31.60	−10.24	−3.88	−8.38	−70.14	10.90	6.15
1994	32.95	−120.92	3.33	−139.84	58.54	−101.60	116.08	26.24
1995	38.04	65.02	86.80	75.05	96.85	−33.42	19.87	−78.76
1996	114.52	51.67	55.78	−50.60	49.94	−15.54	179.53	76.51
1997	−130.67	−64.20	14.47	−108.79	174.30	4.91	−82.01	−76.98
1998	303.91	−110.35	−122.07	231.67	100.16	133.11	81.87	314.36
1999	27.20	−81.31	365.05	−303.00	−224.80	−524.30	32.73	148.33
2000	666.41	517.49	−164.76	−44.55	−293.65	−79.63	−277.95	200.60
2001	−821.21	−318.63	−353.36	−19.05	−1369.70	611.75	224.19	101.65
2002	34.74	−179.56	−220.42	−10.53	−326.67	−284.57	77.61	−207.54
2003	662.26	−376.20	83.63	−211.70	173.27	−331.74	236.06	46.45
2004	−53.48	26.37	6.31	−44.57	−28.61	−237.22	106.70	177.20
2005	−144.69	−186.80	110.44	−325.23	−36.62	−222.35	97.01	7.68

	Q1の満期の週	翌週	Q2の満期の週	翌週	Q3の満期の週	翌週	Q4の満期の週	翌週
2006	203.31	0.32	122.63	−25.46	168.66	−52.67	138.03	−102.30
2007	−165.91	370.60	215.09	−279.22	377.67	75.44	110.80	−84.78
2008	410.23	−144.92	−464.66	−496.18	−33.55	−245.31	−50.57	−63.56
2009	54.40	497.80	−259.53	−101.34	214.79	−155.01	−142.61	191.21
2010	117.29	108.38	239.57	−306.83	145.08	252.41	81.59	81.58
2011	−185.88	362.07	52.45	−69.78	516.96	−737.61	−317.87	427.61
2012	310.60	−151.89						
上昇	15	9	12	2	13	5	16	15
下落	7	13	9	19	8	16	5	6

第３四半期のトリプルウイッチングの週はわずかに良く、21回のうち13回で上昇した。しかし、その翌週は、21回のうち16回で下落した。トリプルウイッチングの週に上昇した13回のうちで、翌週にも上昇したのは４回で、下落した８回のうち７回は翌週も下落した。

第１四半期と第４四半期には、状況が劇的に変わる。第１四半期のトリプルウイッチングの週はかなり良く、過去22回のうち15回で上昇したが、翌週には13回で下落した。トリプルウイッチングの週に上昇した15回のうちで、翌週にも上昇したのは６回で、下落した７回のうち４回は翌週も下落した。

第４四半期のトリプルウイッチングは最も良いことが分かった。トリプルウイッチングの週は過去21回のうち16回で上昇し、翌週も15回で上昇した。トリプルウイッチングの週に上昇した16回のうち12回は翌週も上昇し、下落した５回のうち翌週も下落したのは２回だった。

高揚する月曜日と波乱の金曜日

私は月曜日と金曜日の相場のパフォーマンスをかなり重視している。トレーダーたちの週の初めと終わりの動きで、相場のその後の動きが分かることがあるからだ。そのため、トリプルウイッチングの前の月曜日と、満期日に当たる金曜日の相場のパフォーマンスは、なおさら重要になる。

3月のトリプルウイッチングの前の月曜日は過去22回のうち15回で上昇している。一方、金曜日はわずか11回でしか上昇していない。6月の月曜日には、21回のうち11回上昇し、金曜日には12回上昇した。現在では1年で最悪の月である9月の場合、過去21回のトリプルウイッチング前の月曜日のうち14回で上昇し、金曜日のうちでは13回で上昇している（2004～2011年までは8回連続）。1年で最高の月のひとつである12月の場合、近年のトリプルウイッチング期間では最も強気相場になっている。12月のトリプルウイッチング前の月曜日に、ダウ平均は過去21年のうち12年で上昇し、金曜日には13年で上昇した。

こうした傾向を見ると、トレーダーや投資家は荒れやすい3月にさらに不安に直面するだろう。短期的な投資をする人にとって最も賢明な方法は、たいてい強気になる3月のトリプルウイッチングの週に先立って買い持ちしておき、その週の上昇中に一部を利食うことかもしれない。3月のトリプルウイッチングの週の間に、短期での天井を付けることが多いからだ。

魔女の秘薬

この仕事を学んで、株式相場の季節性に詳しくなると、満期日の金曜日とトリプルウイッチングには明らかにサイクルがあると分かった。この金融取引は極めて規則的で、世界中の最大級の金融機関も巨額の資金移動を行うため、株式市場で最も分かりやすい周期的なパターンのひとつが作られてきたのだ。

ポートフォリオの調整をするとき、これらの年４回の出来事を頭に入れておくことが重要だ。ほとんどの場合、トリプルウイッチングの前の週に買いポジションを増やして、トリプルウイッチングの週の間に利食いをするほうがうまくいくだろう。また、６月と９月は、トリプルウイッチングの週もその翌週も特に波乱が起きやすく、明らかに下落のほうが多いことを覚えておく必要がある。

まとめ

●個別株オプション、株価指数オプション、株価指数先物の3月、6月、9月、12月の年4回の満期日――「トリプルウイッチング」――は相場に大きな影響を及ぼして、明らかに異なるパターンを生み出す。

●満期日の週の相場は、1年の最高の6カ月に当たる12月と3月に最も強く、6月と9月はそれほど強気にはならない。

●満期日の翌週は12月を除いて、トレードを避けるのが賢明だ。そして、満期日の週にかなりの上昇をしたからといって、その翌週もさらに上昇すると期待しないことだ。しかし、満期日の週に下落すれば、翌週も下落する習性がある。

第8章　植え付けの秋
――ほとんどの相場上昇の種がまかれるとき
Autumn Planting

人は相場の季節性をある程度、母なる自然に合わせる傾向がある。ただし、相場の上昇の種はほとんどが晩夏と初秋にまかれて、冬と春に収穫される。この第８章から第12章までの４章では、月ごとの季節性を、カレンダーにではなく株式相場の季節的な動きに合わせている。

私は月ごとの季節性について、８月から述べ始める。そうするのは、現代を1950年以降で見ると、過去19回の弱気相場のうちの11回が８月か９月か10月に底を打っているからにすぎない。もっと最近では、1982年以降の８回の弱気相場のうち、６回はこれらの月に底入れをしている。ほかの月よりも株価が大幅に割安になりやすいこれらの月は、新規に買いポジションを取るか、持ち株を買い増すのに絶好の機会である。

8月の記録

20世紀前半には、収穫の売り上げで得たお金が市場に入ってきたおかげで、８月は株式相場にとって素晴らしい月だった。実際のところ、1901年から1951年までは最高の月だった。1900年には、人口の37.5％が農業に従事していた。現在では、農業人口は２％にも満たない。そのため、８月は１年で最悪の月のひとつである。過去15年間のS&P500では、８月が最悪になっているほどだ。

アジアの通貨危機とロシアの混乱、LTCM（ロングターム・キャピタル・マネジメント）というヘッジファンドの破綻によって生じた史上最短（45日）の弱気相場は、1998年８月31日に終わりを告げた。ダウ平均はその月に1344.22ドル、または15.1％という記録的な下落を見せた。それは1950年以降のダウ平均の月間下落率で２番目に大きい。その１日にダウ平均は512.61ドル、または6.4％下げた。それは当時では、1987年10月以来の１日で最大の下落だった。1990年８月には、サダム・フセインのクウェート侵攻によって、ダウが10.0％下げた。弱気相場が終わったせいで、８月にダウ平均で最大の上昇が起きたのは、1982年（11.5％）と1984年（9.8％）だった。

８月はひどく売り込まれがちなので、この月に株取引をした人は挫折を味わってきた。８月は休暇を取る人が多く、取引所も閑散としているので、この月の災難は長く続くかもしれない。大統領選挙の翌年には典型的な８月となり、損失をもたらして、ダウ平均のパフォーマンスでは最下位の月となる。S&P500、ナスダック、ラッセル1000では下から２番目、ラッセル2000では下から３番目の月だ。中間選挙の年はどの月も全体的に弱く、８月のパフォーマンスは平均的である。大統領選挙の前年には、８月はまずまずの上昇をして、ダウ平均とS&P500のなかでは少し順位を上げる。しかし、大統領選挙の年の８月のほうが、パフォーマンスはずっと良い。この年にはラッセル1000と2000の両指数で最上位の月になり、小型株の指数であるラッセル2000では過去８回のうち、上昇が５回、下落が３回で、平均では3.5％の上昇になっている。

８月のオプション満期日前の月曜日には、ダウ平均は過去22回のうち15回で上げている。一方、満期日の第３金曜日には12回で下げている。満期日の週を通して見ると半分以上で下げていて、急落しているときもある。2011年のダウ平均は、その週に４％下げた。満期日の翌週はやや強気に傾く。2000～2004年に５年連続で上げたあと、過去７年のうち４年で下げた。2011年には4.3％上げて、前の週の下落分をすべて取り返している。

この月の最初の９取引日は弱いが、中旬は最も強くなる。夏の最後の休暇を取るために、トレーダーたちがウォール街を脱出するので、月末は下げやすい。月末の５日間は過去16年のうち10年で損失になり、月末の前日にダウが上昇したのは、過去16年で４年だけだった。同じ16年に８月末の５日間は平均で下落していて、ダウがマイナス1.5％、S&P500がマイナス1.3％、ナスダックがマイナス1.0％となっている。小型株はわずかに良く、ラッセル2000はマイナス0.2％だった。

９月のシナリオ

９月は１年で最悪の月と言われていて、評判はかんばしくない。1995～1998年までの４年間は株式相場の当たり年で、ネットバブルの熱狂という幸福な日々に恵まれたが、その後の1999～2002年は４年続けてひどい下落に見舞われた。この月の相場は高く始まる傾向があるが、夏の日焼けが色あせ始めて、子供たちが学校に戻ってくると、ファンドマネジャーが第３四半期末近くに株の処分売りをしやすい。そのため、長年にわたって月末近くになるとひどい急落に見舞われた。私は機関投資家がリバランスを終えるまで、買いの側には立たないようにしている。

大統領選挙の翌年の９月はこの年で最悪の月ではないが、それでも大幅に下げがちである。過去15回の大統領選挙の翌年のうち、９回はかなりひどい下落を被った。残り６回は上昇したが、そのときには上げるだけの大きな理由があったのだ。1953

年の弱気相場は９月に終わった。1965年９月はベトナム関連の軍事費が増額されたおかげで、株式相場に強気の環境が生まれた。第４次中東戦争、ウォーターゲート、OPEC（石油輸出国機構）の石油禁輸のせいで1973年から厳しい弱気相場になったが、この下落は翌年の８月に終わった。1997年７月にはクリントン大統領が有価証券譲渡益の減税法案に署名した。これは９月に株価を押し上げるのに役立った。この前後の８月と10月はそれぞれ、7.3％と6.3％の下落だった。2005年はハリケーン・カトリーナがニューオリンズに壊滅的な被害をもたらしたが、株式相場は９月に再び上昇した。世界的な金融危機に直面して、財政と金融の歴史的な刺激策が取られると、2009年７月～2010年４月に相場はほぼ棒上げとなった。

第２次世界大戦以降、投資家は中間選挙の年の10月に付けた８回の底に先立つ９月に、痛い目に遭わされた。大統領選挙の前年の相場となると概して強いのだが、９月と10月は共に弱い。大統領選挙の年の９月となると、過去11回のうち、S&P500は４回しか下げていない。現職が立候補して勝った1972年と1984年、現職がいない「あいまいな」選挙戦の間に５％以上の下落をした2000年、そして、リーマンブラザーズが破綻した2008年である。

９月のトリプルウイッチングは、この満期日前の月曜日を除いて軽く見てはいけない。これらの月曜日のダウ平均は、過去

22年のうち15回で上げている。トリプルウイッチングの金曜日は2004～2011年まで、８年連続で上げている。しかし、より長期で見ると、過去22年で13回の上昇と、それほど強気でもない。トリプルウイッチングの週は、特に弱気相場のときに悲惨になることがある。さらに、その翌週も厳しく、過去22回のうちの17回で下げていて、ダウの下落率は平均でマイナス1.2％だった。

悪評にもかかわらず、９月には強気の傾向も２～３ある。11日目の取引日は９月の明るい面であり、ダウ平均は過去10年のうちの８年で上昇している。ダウの上昇率は平均で0.6％だったが、この日のダウを累積すると720.24ドルと驚くべき数字になる。すでに述べたように、トリプルウイッチングの前の月曜日は、一貫して強い。それら数日を除くと、この月の特に後半は危険に満ちあふれている。最後の２週で最も良いのは月末の取引日から３日前で、ダウ平均は過去10年のうちの８年で上げている。月末の取引日は過去10年のうちの８年で下げている。

中間選挙の年の９月にダウ平均が上昇したときは、どの場合でもすでに安値を付けていて、新たな上昇が始まっていた。**表8.1**は、ダウ平均の９月の上昇率が大きいほうから順に、中間選挙の年を並べている。さらに、その年の残りの月の変化率、年間の変化率、中間選挙の年の安値から大統領選挙の前年の高値までの上昇率も合わせて載せておいた。

表8.1　1901年以降、中間選挙の年の９月に付けた安値後の上昇

	中間選挙の年の安値		９月	10月	11月	12月	年間	大統領選挙の前年の高値		
年	日付	ダウ平均	変化率	変化率	変化率	変化率	変化率	日付	ダウ平均	上昇率
2010	7/2	9686.48	7.7	3.1	−1.0	5.2	11.0	4/29	12810.54	32.3%
1954	1/11	279.87	7.3	−2.3	9.8	4.6	44.0	12/30	488.40	74.5
1958	2/25	436.89	4.6	2.1	2.6	4.7	34.0	12/31	679.36	55.5
1950	1/13	196.81	4.4	−0.6	1.2	3.4	17.6	9/13	276.37	40.4
1998	8/31	7539.07	4.0	9.6	6.1	0.7	16.1	12/31	11497.12	52.5
1942	4/28	92.92	2.6	4.5	0.4	4.3	7.6	7/14	145.82	56.9
2006	1/20	10667.39	2.6	3.4	1.2	2.0	16.3	10/9	14164.53	32.8
1918	1/15	73.38	2.2	1.0	−5.1	1.3	10.5	11/3	119.62	63.0
1938	3/31	98.95	1.6	7.3	−1.3	3.3	28.1	9/12	155.92	57.6
1906	7/13	62.40	0.9	−2.0	2.4	−0.8	−1.9	1/7	70.60	13.1
1910	7/26	53.93	0.1	6.3	−2.7	−1.4	−17.9	6/19	63.78	18.3
1914	7/30	52.32	第１次世界大戦			4.3	−5.4	12/27	99.21	89.6
		平均	3.5	2.9	1.2	2.5	15.0			48.9%

10月の場合

10月はしばしばウォール街に恐れを呼び起こす。1929年と1987年の大暴落、1997年10月27日のダウ平均の554ドルの下落、1978、79年と２年連続の大幅下落、13日の金曜日（1989年10月）の下落、2008年10月15日の733ドルの下落の記憶がよみがえるからだ。この月に起きる株式相場の大幅下落を称して、「10月の恐怖症（Octoberphobia）」という言葉が使われてきたほどだ。相場では、惨事が起きると信じる人が多いと、予言どおりになりやすいので、実際にそうなっても打ちのめされないように注意しておく必要がある。

しかし、10月は相場転換の月──「ベアキラー（bear killer）」と呼んでも構わないが──になった。第２次世界大戦後に起きた12回の下落相場──1946年、1957年、1960年、1962年、1966年、1974年、1987年、1990年、1998年、2001年、2002年、2011年──は10月に終わった。このうち８回は、中間選挙の年に最安値を付けている。

私たちはニュースレターを出版した過去40年で２回、中間選挙の年の10月に付けたこの大底の時期に飛びついて、紙面トップに大見出しで購読者たちに、「買い！　買い！　買い！　買い！　買い！　買い！　買い！　買い！　買い！」と、買いを勧めた。1974年10月はウォーターゲート事件、OPECの石油禁輸、大恐慌以降で最悪の弱気相場に直面していたが、それでもイェール・ハーシュは大胆にも危険を冒して、買いを勧めたのだ。最近では、私たちは2002年10月16日の下げが弱気相場のとどめの一撃だと繰り返した。企業の不正行為の横行、テロとの戦い、9.11の記憶、アフガニスタンへの空爆、イラクとの戦争が迫るなか、1970年代以降で最悪のこの弱気相場はしつこく続いた。ナスダックは2000年に付けた天井から77.9％下落したが、その大底はすでに何日も前に付けていたのだ。

かつては、株式投資にとって10月は恐ろしい月だった。1950～1997年にはダウ平均が累積で最も下げた記録を持っている。しかし、1997年の下落以降、10月は過去14年のうち11年で上昇し、２番目に良い月になった。ダウ平均が前月比で1000ドル以上も上げたのは２回だけだが、2011年10月が１番で、1999年４月が２番目だった。１年で「最悪の月」は10月の訪れと共に終わる。相場では10月は希望の星となり、しばしば弱気相場に終止符を打つので、今は１年のうちで株を買うのに最もふさわしい月のひとつになっている。

大統領選挙の翌年にはほかの月が弱気の逆流に巻き込まれるので、10月のパフォーマンスはかなり良い。中間選挙の年の10月は前に述べた主要な転換のおかげで、非常に素晴らしい。ダウ平均、S&P500、ナスダック、ラッセル1000では１番良く、ラッセル2000では２番目に良い。大統領選挙の前年には、10月は最も弱い月だったが、強気相場のときには大きな上昇を見せる。最近では1999年、2003年、2011年がそうだった。最近はどの年の10月でも見られることだが、かつての大統領選挙の年の10月は平均とほぼ同じような動きをしていた。しかし、2008年は悲惨なパフォーマンスで年間の平均値を下げた。大統領選挙の年の10月は普通、現職が再選されそうかどうかで上げ下げする。

オプション満期日の10月第３週には多くのトレード機会が生まれる。満期日前の月曜日には、ダウ平均は1982年以降で５回しか下げていない。また、ラッセル2000では1990～2006年の17年連続で上げたが、ここ５年のうち４年では下げている。満期日の金曜日は週全体と同様に、より不規則になる。10月に底を打ったあとでは、満期日の翌週は最も強気である。だが、底入れをしていないと下げやすい。相場の弱さは、新しく買いポジションを取るのに利用できる。

10月の最初の２～３日で株価が緩やかに上げたあとは、弱含む傾向がある。月半ばはオプション満期日近くに堅調になる。３週目になると、弱気相場に悩まされる。月末数日間は強くなり、最も信頼できる。ダウ平均とS&P500は過去21年のうちの14年で月末の前日に上げていて、１日の上げ幅は平均で0.5～0.7％だった。

上昇の種をまく

８月から10月に繰り返される最悪の状況は、株式の土壌を豊かにする。大型休暇シーズンの８月には出来高が少なくなるので、株の買い手がかなり減る。党の全国大会や選挙があると、国全体が株を買うほうに目が向かなくなる。第３四半期末の９月には、ポートフォリオ調整のための売りが増えるせいで、買いが減って株価を押し下げる。

このために、非常に多くの弱気相場がこの季節に底入れをして、株を買う絶好の時期になるのだ。

まとめ

●過去62年で株を買う絶好の機会は、８月、９月、10月のいずれかに現れた。これらの月は新たに買いポジションを取る最高の３カ月だった。

●１年で最悪の６カ月は10月に終わる。しかし、季節性は変化するし、先を見越す人たちもいるので、９月、それに次いで８月は１年で新しく買いポジションを取る絶好の時期だと分かった。10月は弱気相場に終止符を打ち、転換をもたらす月になった。

●弱気相場で、最も多く大底を付けたのは10月だった。

第９章　満足の冬
――資金流入と良い情報がもたらす堅調な相場
Winter of Content

11月、12月、１月は最も良い３カ月だ。株価が着実に上昇する可能性が高いだけでなく、上昇自体もほかの月に比べて圧倒的に大きくなることがある。１年のうちで３カ月しか投資しないつもりなら、これらが最適な月である。1950年以降、ダウ平均とS&P500は11～１月に平均で4.3％上げている。一方、ナスダックとラッセル2000は6.4％も上げた。

逆に、2007年と2008年にあったように、この３カ月間に上昇しなければ、それは用心したほうがよいという警告だ。証券アナリストの故エジソン・グールドがそのことを最も的確に述べている。「季節的に相場が上昇すべき時期に上昇しなければ、ほかの影響力のほうが強いということであり、その季節が過ぎたらほかの影響力がいよいよ強まるという合図である」

11月をうまく乗り切る

感謝祭（11月の第４木曜日）から年末にかけての休暇シーズンが始まる11月は、１年で最高の数カ月の到来を告げる。もっとも、時間枠や指数によっては、11月が３番目か４番目に良い月になることもある。この月はダウ平均とS&P500では最高の６カ月の、ナスダックでは最高の８カ月の始まりである。小型株は11月の間に好まれるようになるが、本格的に上昇を始めるのは12月の最後の２週間だ。

11月は機関投資家の第４四半期の資金が市場に入ってきて、最高の連続３カ月の初めとなるので、最もパフォーマンスが良い月のひとつに位置づけられる。しかし、弱気相場の期間中には、この月は打撃を受けてきた。大統領選挙の決着が容易につかないうえに、弱気の長期トレンドが始まった2000年11月は、ナスダックがマイナス22.9％と下げて、1971年２月５日にこの指数が作られて以来、1987年10月に次いで２番目に悪い月だった。

４年周期の大統領選挙のある年の11月は一貫して損失を被ったことがないので、この月の相場の強さは明らかである。

大統領選挙の翌年の11月のダウ平均は、1953年以降、15回のうち３回しか下げていない（いずれも、ベトナム戦争中）。また、S&P500が下げたのはわずか４回だった。

中間選挙の年の11月は、10月と共に息もつかせぬ上昇を見せる。ナスダックはこの２カ月で8.1％上げている。

大統領選挙の年の前年は極めて強気だが、11月のパフォーマンスは皮肉にも平凡だ。

11月はダウ平均とS&P500で１番良い月だが、大統領選挙が激戦になった年と金融危機になった2008年には下落した。決着が最後までつかない初めての大統領選挙になった1888年と、トルーマンがデューイを破った1948年だった。その年の11月以来、大統領選挙の年で最悪の11月になったのは2000年だった。2008年９月にリーマン・ブラザーズが破産した影響で相場はまだ揺れていたため、2008年11月も2000年11月に匹敵する下落に見舞われた。

11月のオプション満期日は感謝祭の前の週に当たることが多い。いずれにしろ、この週は一般的に強い。ダウ平均は1993～2002年まで、10年連続で上昇したが、過去９年のうち４年は下げている。満期日前の月曜日には、ダウ平均の動きは一定していない。20世紀最後の強気相場の主体を成す1994～1998年は５回連続で上げたが、1999～2003年では５回連続して下げた。そして、過去８回のうち５回は上げている。オプション満期日も似たパターンを示すが、強気に傾いていて、過去22回のうちの15回で上げている。最近は、満期日の翌週には敗北を喫していて、過去６年のうち５年で下げている。

11月は弱気のときもあるとはいえ、一般に強気の月である。しかし、強い日が驚くほど多いというわけでもない。過去21年間の取引日の１日目と２日目はまちまちだが、この２日間のダウ平均とS&P500の１日平均では上げている。ナスダックとラッセル2000のほうが、強く始まる傾向がある。その次の３日は強気に傾くが、７取引日目は下げるという特徴がある。その後は数日間横ばいをしたあと、月半ば直前まで上げることが多く、それから数日間は再び弱気になる。月末より前の５日間ほどは、第４四半期の上昇がしばしば定着するので、相場は月末直前まで加熱するが、最終日は株価が大幅に上げる12月を前にして一服する。11月11日の復員軍人の日（ベテランズデー）には、債券市場は休日になる。

期待を裏切らない12月

1950年以降、12月はダウ平均の上昇率で２位、S&P500では１位で、それぞれ平均で1.7％上げている。また、小型株でも１位、ナスダックでは２位である。相場が12月に急落することはめったにない。そうなるときには、たいてい相場の転換点であり、天井か底に近いということだ。相場が12月まで素晴らしい上昇を見せていたら、おそらく株価は下落の機が熟している。逆に、最近は下げで苦しんでいたうえに、12月も急落するようなら、まもなく上昇が始まると思ってよい。1998年の12月は、1928年以降で最高の第４四半期だった。

休暇シーズンで12月のトレードは活気づき、プロのトレーダーや証券会社が買いに傾くために、月末まで活況が続く。しかし、月の前半は節税目的の売りと年末のポートフォリオの見直しが最高潮に達するので、相場は弱くなりがちである。この月は相場の季節性と重要なイベントが目白押しだ。中旬になると、大型株よりも小型株のほうが上がり始める傾向があるので、私の「フリーランチ」戦略がウォール街で役に立つ。私たちの名づけた「サンタクロースラリー」とは、12月の最後の週に始まって、新年に値が決まる指標である。

過去15回の大統領選挙の翌年の12月に、S&P500が下げたのは４回だけで、ダウ平均が下げたのは５回だけだった。過去16回の中間選挙の年の12月に下げたのは、４回だけだった。中間選挙の年の1966年、1974年、2002年には大底を付けた。2002年は1931年以降で最悪の12月だった。ダウ平均とS&P500は６％以上の下落、ナスダックは9.7％の下落をした。大統領選挙の前年の12月にダウ平均が下げたのは、第２次世界大戦以降で３回しかなかった。1975年（マイナス1.0％）、1983年（マイナス1.4％）、2007年（マイナス0.8％）である。大統領選挙の年の12月はかなり良くて、S&P500は平均1.2％と、過去15回のうちの12回で上昇している。

12月のトリプルウイッチング（オプションと指数の満期日が重なる日）に当たる週は、たいていダウ平均にとって有利で、月曜日は過去22年のうち12回で上げている。一方、トリプルウイッチングの金曜日は14回で上げている。週全体では驚くことに、1984年以降の累積で23倍になっている。この翌週は全４回のトリプルウイッチングの翌週のなかで最も良く、唯一はっきりと強気の傾向を示している。

1991年以降、この月の最初の３取引日はナスダックとラッセル2000が最も強かった。ダウ平均とS&P500はより緩やかに始まり、まぎれもなく強気になるのは３取引日目になってからだ。しかし、４日目になると取引は慎重になり、節税目的の売りが続く月の前半はその状態が続く。大半の日に株価が一貫して上がり始めるのは、12月のトリプルウイッチングの翌週半ばに入ってからだ。

過去21年間、クリスマス前後の日の相場はしっかりしていた。前日は過去５年続けてダウ平均が上げていて、その翌日は過去６年のうち４年で上げていた。ナスダックは2000年までの連続29年間、１年の最終取引日で上げるという非常に素晴らしい記録を作った。その年以降のナスダックは、12年で11回下げている。最終取引日が強気でなくなったのは、土壇場でポートフォリオを減らすからだ。

私は34年分の日次データそれぞれについて、小型株のラッセ

図9.1　ラッセル2000／ラッセル100――１年の季節性のパターン

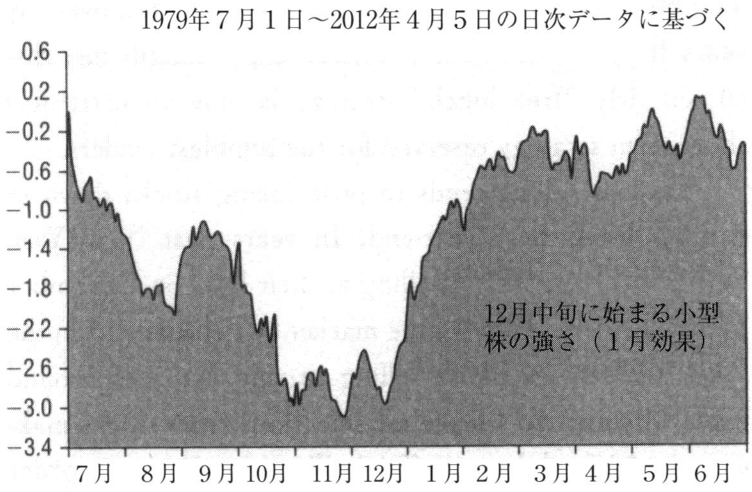

ル2000指数を大型株のラッセル1000指数で割った。そして、１年間の理想的なパターンが分かるように、そのデータを１年間に換算した。**図9.1**のグラフが下げているときには、小型株よりも大型優良株のほうが良いパフォーマンスだという意味である。逆に、グラフが上げているときには、小型株のほうが素早く上昇しているということだ。

図9.1を見れば、１月には大型株よりも小型株のほうが上がるという「１月効果」は、現在では12月中旬に始まっていることがはっきりと分かる。また、注目に値するのは、10月末と11

月末も小型株の動きが良いことだ。12月初めに小型株の動きが弱ければ、持ち株を買い増すか、新たに株を買う機会にできる。この値動きの大半は１月中旬までに終わるとはいえ、３月初めまで続いていることに注意しておきたい。どの株であれ、大幅上昇をしたときには利食いをしてよい。特に私の標準的なトレード方針に従うなら、小型株が２倍に上げたら半分を売って、初期投資分を回収することになる。

ウォール街で唯一のフリーランチ

私が長年にわたって実行してきた安値拾いの戦略では、今述べた年末の小型株の強さを利用する。私の「フリーランチ」戦略は、最も素早いトレーダーだけが使える極めて短期的な戦略である。

節税目的の売りが出ると、下げている株は年末近くに割安水準まで押し下げられやすい。ここ何年も、NYSE（ニューヨーク証券取引所）に上場されている株が12月15日に安値で取引されている場合、普通は翌年の２月15日までに市場平均を上回る。節税目的の売りはたいていトリプルウイッチングのころに最高潮に達するので、私はトリプルウイッチングの金曜日に52週の新安値を付ける株から選別して、年末の相場の強さを利用したトレードをする。

買いの候補は厳選する。優先株、クローズドエンド型投資信託、ETF（上場投資信託）、ETN（指標連動証券）、株式分割をする銘柄、新株、普通株でない株、怪しげな会社の株は除く。新安値を付けた株が多数あるときには、最も下げた株を選ぶ。

選別後に候補が少ししか残らなかったときに、私はこの戦略にさらに手を加えた。その結果、ナスダックとAMEX（アメリカン証券取引所）上場株から追加で選別しても、NYSEに上場された株と似た特徴を示すことが分かり、最近ではそれらも加えるようにしている。これらの株は上昇で得た含み益を1月に吐き出す傾向があるため、私は1月中旬か、手早く利益が得られるときに売ることが多い。

これらの株はひどく下げることも多いので、52週安値近くにある割安株を買って、大きく上げたら素早く売ろうという考えなのだ。これは短期トレードなので、これらの株にしがみついてはいけない。急上昇をしたら、すぐに売ることだ。私たちは「デッド・キャット・バウンス（大幅下落後の一時的上昇）」に乗じようとしているだけなのだ。これらの株のどれかが2倍になったら、少なくとも半分を売るか、トレイリングストップ注文を使って、上げ続けるかぎり乗って、下げたらすぐに手仕舞えるようにしておくことだ。

このフリーランチ戦略は、相場が調整したあと、年末に新安値を付ける株が多いときのほうがうまくいく。これらの、年に一度割安になる株のバスケットがNYSE総合株価指数を下回ったのは、過去38年のうちでわずか５年だけだった。保有期間の平均上昇率は12.7％で、これはNYSEの3.1％を楽に10％近く上回っている。

サンタクロースが訪れないとき

普通は、市場がクリスマス休暇に入る直前かその直後に始まって、その年の最後の５日間と新年の２日間に、短いがかなりの上昇がある。1953年以降、S&P500はこの７日間で平均1.5％上昇した。私たちはこれを「サンタクロースラリー」と呼んでいる。

実は、この信頼できる季節性が現れなかったときのほうが重要だ。それは、新年に弱気相場か相当に大きな調整があるという前触れになることが多かったからだ。しかし、こういう年にはあとで、はるかに安値で株を買うことができた。イェール・ハーシュは1972年にこの現象を発見している。私たちは数十年にわたってこの不吉な兆候について、彼が考案した記憶の工夫を使って、「サンタクロースが訪れなければ、金融市場に弱気相場が訪れる」と投資家に警告してきた。

表9.1を見ると、この警告が2000年にぴったり合うことが分かる。この期間は4.0％という恐るべき下落を被っているから

だ。ダウ平均が2002年10月の中間選挙の年に付ける底まで、33カ月で37.8％の下落を始めたのは2000年１月14日だった。ナスダックはこの８週後に、10週間で37.3％下げて、最終的に2002年10月までに77.9％下げた。

サダム・フセインのクウェート侵攻によって、1990年のサンタクロースラリーは失速した。その３日後、つまり、湾岸戦争で多国籍軍がイラクへ猛攻撃を始める１週間前の1991年１月９日に、S&P500は３％下げた。これによって、今後おそらく二度と下げない水準でトリプルボトムが形成された。

2004年にサンタクロースが訪れなかったのは、エネルギー価格の上昇と中東でのテロの災難が原因だったのかもしれない。2007年にサンタクロースが訪れたのは、不況と最終的に金融危機を引き起こす住宅価格の下落の兆候が見られ始めたからだ。これ以前にサンタクロースラリーが見られなかった1979年と1981年は、それぞれ翌年の1980年と1982年の弱気相場に付ける安値に先行していた。

この指標は、次に取り上げる「１月最初の５日間」と「１月バロメーター」の下落で裏づけられるときに、最も有効性を発揮する。

表9.1　S&P500で見るサンタクロースラリー

新年	ラリー時の騰落率	年間の騰落率	
1953	1.8	−6.6	
1954	1.7	45.0	
1955	3.0	26.4	
1956	−0.9	2.6	4月に天井
1957	1.2	−14.3	
1958	3.5	38.1	
1959	3.6	8.5	
1960	2.4	−3.0	
1961	1.7	23.1	
1962	0.4	−11.8	
1963	1.7	18.9	
1964	2.3	13.0	
1965	0.6	9.1	
1966	0.1	−13.1	
1967	−1.4	20.1	強気相場
1968	0.3	7.7	
1969	−1.2	−11.4	弱気相場
1970	3.6	0.1	
1971	1.9	10.8	
1972	1.3	15.6	
1973	3.1	−17.4	
1974	6.7	−29.7	
1975	7.2	31.5	
1976	4.3	19.1	
1977	0.8	−11.5	
1978	−0.3	1.1	2月に安値
1979	3.3	12.3	
1980	−2.2	25.8	強気相場
1981	2.0	−9.7	
1982	−1.8	14.8	強気相場

新年	ラリー時の騰落率	年間の騰落率	
1983	1.2	17.3	
1984	2.1	1.4	
1985	−0.6	26.3	強気相場
1986	1.1	14.6	
1987	2.4	2.0	
1988	2.2	12.4	
1989	0.9	27.3	
1990	4.1	−6.6	
1991	−3.0	26.3	湾岸戦争
1992	5.7	4.5	
1993	−1.1	7.1	
1994	−0.1	−1.5	横ばい
1995	0.2	34.1	
1996	1.8	20.3	
1997	0.1	31.0	
1998	4.0	26.7	
1999	1.3	19.5	
2000	−4.0	−10.1	弱気相場
2001	5.7	−13.0	
2002	1.8	−23.4	
2003	1.2	26.4	
2004	2.4	9.0	
2005	−1.8	3.0	横ばい
2006	0.4	13.6	
2007	0.003	3.5	
2008	−2.5	−38.5	弱気相場
2009	7.4	23.5	
2010	1.4	12.8	
2011	1.1	−0.003	横ばい

祝祭の１月

ローマ神話に登場する出入口と通路の神であるヤヌスからその名を取った１月には、ウォール街で評判となった伝説がかなりある。イェール・ハーシュが考案した１月バロメーターも、1950年以降の的中率が７割５分８厘で、もちろん相当の評判になっている。新年の始まりである１月には、多くの重要なイベントや指標、繰り返される相場パターンがある。大統領が就任して一般教書演説をするし、議会も新しく招集される。

金融アナリストたちは年間予測を発表する。また、一般の人たちは休日を祝ったあと、大挙して職場や学校に戻る。「１月効果」とも呼ばれる現象が起きて、小型株が大型株よりも上げるとうわさされる。そして、私の季節性の指標も１月に見られるものが一番多い。２日目はサンタクロースラリーが終わる日である。「１月最初の５日間」は来たるべき年のトレード環境を占う、私たちの最初の指標だ。さらに、S&P500が１月全体で上昇したか下落したかで、１月バロメーターが点灯する。

過去41年でナスダックの上昇率では１位、ダウ平均とS&P500では３位である１月は、１年間で最高の３カ月の終わりの月となる。ナスダックは1971年以降、平均して2.8％上昇している。１月全体の値動きは見事だが、この力強い月には重要な季節性や今後の動きを物語る指標が満載だ。新年が始まると、年末ボーナスの資金流入やポートフォリオの見直しが増えて、市場はそれらであふれる。アナリストや相場ストラテジストは今後１年の相場の動向を占おうとするので、１月はおそらく市場で最も重要な月になる。

私たちの相場確率モデルによれば、１月にはかなり明確なパターンがある。普通、年初の取引日には新年の祝いが続くものだ。ダウ平均は過去21年のうち14年、ナスダックは13年で上昇している。しかし、S&P500とラッセル2000はかなり弱く、同じ期間にそれぞれ９年と７年しか上昇していない。ということは、初日は相場がずっと強くなる２日目に先立って、トレーダーたちの反応が鈍いうちに相場に飛び込む格好の日になることもあるわけだ。

その後の数日間、相場はわずかに弱気に傾きつつ変動する。それから、月半ばに401kの年金資金が入ってくるので、株式市場は10日目ごろに息を吹き返す。また、１年で最初の３連休になるキング牧師の日に先立って、買いが膨らむ。この２～３日の急騰後、株価は急落して、月末までちゃぶつく。１月の満期日には、過去14年のうち10年でダウ平均が下げているが、過去４年のうちでは３年で上げている。１月の最終日は１年で最も相場が強い日のひとつなので、１月が終わりに近づくと株価、特にラッセル2000が上げ始める。

１月最初の５日間の早期警戒システム

この月の最初の数日間に、２つの早期警戒指標――サンタクロースラリーと１月最初の５日間――が姿を現す。７日間続くサンタクロースラリーでは、1950年以降でS&P500が平均1.5％上昇している。それは１月の第２取引日で終わる。この短いが信頼できる指標は、上昇が起きないときのほうが実は重要な意味を持つのだ。年末に典型的なこの強気相場が見られないときには、弱気相場か調整がその後に起きるからだ。

１月最初の５日間は、特に上昇したときにその年の相場を占う先行指標になる。1950年以降、最初の５日間にS&P500が上昇した39年のうち33年は、年間で見ても上昇した。これは84.6％の精度で、39年間の平均上昇率は13.6％だった。例外だった６年には、横ばい相場だった1994年と2011年が含まれる。残りの４年は戦争がかかわっていた。ベトナム戦争の軍事支出によって、1966年の弱気相場は遅れて始まった。また、1973年に停戦が近づくと、一時的に株価が上昇した。1990年はサダム・フセインのために、弱気相場になった。2002年はテロとの戦いや中東の不安定、企業の不正行為によって、史上最悪の年のひとつになった。また、2011年前半の上昇は、ヨーロッパの政府債務危機で打ち消された。

１月最初の５日間で下げた23年は指標の役割を果たさなかっ

た。そのうち、年間で上昇したのは11年、下落したのは12年だったからだ。しかし、大統領選挙の翌年には最初の５日間で下げても、指標として役立つことがある。過去14年のうち９年は１月最初の５日間に、S&P500が下げている。そして、これらの９年のうち６年は、年間でも平均してマイナス11.1％と下げていたのだ。大統領選挙の翌年の最初の５日間に上昇した５年のうち４年は、年間でも同じように、平均で22.6％の上昇をしていた。

中間選挙の年にはこの指標は不規則で、ほとんど逆の動きをしている。過去15回の中間選挙の年のうちで、年間でも最初の５日間と同じ動きをしたのは７回だけで、過去８回では１回しかない。１カ月全体で見る１月バロメーター（次で説明）は、中間選挙の年に66.7％の精度があり、こちらのほうが良い結果が出ている。

大統領選挙の前年は明るい前途に満ちて始まる。ダウ平均は1939年以降、年間で見て１回も下げていないからだ。１月最初の５日間のうちで下げたのは３回だけだった（1955年、1999年、2007年）。S&P500のほうはこの３回も年間で上げている。大統領選挙の年で見ると、過去15回のうち12回で１月最初の５日間と同じ方向に動いている。もっとも、大統領選挙の年にS&P500が下げたことは、1950年以降で３回しかない。

素晴らしい１月バロメーター

１月バロメーターは1972年にイェール・ハーシュが考案した指標だ。1950年以降に大きく誤ったのは７回だけで、精度は88.7％だった。この指標は、年間の相場は１月のS&P500の動きに似るという格言に従っている（**図9.2**を参照）。７回の大きな誤りのうち、1966年と1968年はベトナム戦争に影響されている。1982年は８月に主要な強気相場が始まった。2001年に影響を及ぼしたのは、１月の２回の金利引き下げと9.11だった。そして、2003年１月の相場はイラクで戦闘があるという予想で下げた。1900年以降で２番目の弱気相場は2009年３月に終わり、FRB（連邦準備制度理事会）の介入が2010年の相場に影響した。８回の横ばいの年を含めて、精度は75.8％である。

2001年と2005年を除くと、過去14回の大統領選挙の翌年は１月の動きと同じ方向に動いた。中間選挙の年では、過去15回のうち10回が１月と同じ方向に動いた。すでに述べたように、大統領選挙の前年は上げやすい傾向があり、１月バロメーターは15回のうちで１回しか間違っていない。2003年の唯一の下げは、イラクでの戦闘に先立つ市場外のイベントのためだった。過去15回の選挙年のうち11回は、１月と同じ方向に動いている。

1950年以降を見ると、１月に下げたあとの11カ月でも年間でも上げた年はあったが、ほとんどの場合、下げたあとは弱気相

図9.2　１年の動きは１月の動きに似る――騰落率順で見たS&P500の１月のパフォーマンス

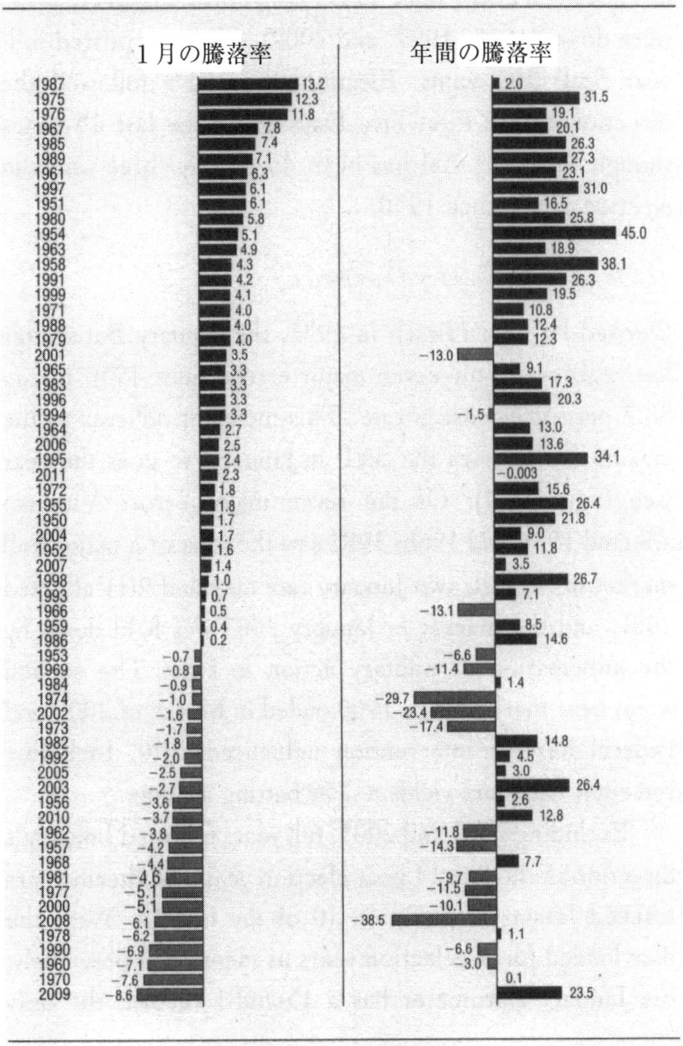

１月の騰落率
年間の騰落率
1987 13.2 2.0
1975 12.3 31.5
1976 11.8 19.1
1967 7.8 20.1
1985 7.4 26.3
1989 7.1 27.3
1961 6.3 23.1
1997 6.1 31.0
1951 6.1 16.5
1980 5.8 25.8
1954 5.1 45.0
1963 4.9 18.9
1958 4.3 38.1
1991 4.2 26.3
1999 4.1 19.5
1971 4.0 10.8
1988 4.0 12.4
1979 4.0 12.3
2001 3.5 −13.0
1965 3.3 9.1
1983 3.3 17.3
1996 3.3 20.3
1994 3.3 −1.5
1964 2.7 13.0
2006 2.5 13.6
1995 2.4 34.1
2011 2.3 −0.003
1972 1.8 15.6
1955 1.8 26.4
1950 1.7 21.8
2004 1.7 9.0
1952 1.6 11.8
2007 1.4 3.5
1998 1.0 26.7
1993 0.7 7.1
1966 0.5 −13.1
1959 0.4 8.5
1986 0.2 14.6
1953 −0.7 −6.6
1969 −0.8 −11.4
1984 −0.9 1.4
1974 −1.0 −29.7
2002 −1.6 −23.4
1973 −1.7 −17.4
1982 −1.8 14.8
1992 −2.0 4.5
2005 −2.5 3.0
2003 −2.7 26.4
1956 −3.6 2.6
2010 −3.7 12.8
1962 −3.8 −11.8
1957 −4.2 −14.3
1968 −4.4 7.7
1981 −4.6 −9.7
1977 −5.1 −11.5
2000 −5.1 −10.1
2008 −6.1 −38.5
1978 −6.2 1.1
1990 −6.9 −6.6
1960 −7.1 −3.0
1970 −7.6 0.1
2009 −8.6 23.5

場が始まるか続き、10％の調整か横ばいの年になった。１月に下げたあとは平均してマイナス13.9％という、かなりの下落が起きるので、それらの年はほとんどが買いの絶好の機会になる。

１月に下落すると、経済か政治か軍事面で、その後に問題が起きるという前兆になる。1955年にアイゼンハワー大統領が心臓発作を起こすと、彼が1956年の大統領選挙に果たして立候補できるのか疑いを持たれ、1956年の相場は横ばいとなった。１月に下落したほかの２回の大統領選挙の年も、年間で横ばいだった（1984年と1992年）。また、１月に下落した13回で弱気相場が始まり、９回ではそれが翌年まで続いた。ベトナム戦争の泥沼化によって、1968年は下げて始まったが、ジョンソン大統領の北爆停止で雰囲気が変わった。イラクでの戦闘が切迫していた2003年は１月に下げたあと、３月にトリプルボトムを形成した。バグダッドが陥落したあと、大統領選挙の前年で景気が回復したために、2003年は活気あふれる年となった。2005年は横ばい相場で、ダウ平均は史上最も狭い取引レンジの記録を作った。2008年１月は史上最悪の年初であり、その後は大恐慌以降で最悪の弱気相場に見舞われた。2010年はネガティブな指標が発表されたあと、４～７月の相場で16％の調整が起きた。しかし、FRBが量的緩和第２弾を実施したために、すぐに反転した。

1933年に、「レームダック（11月の選挙で敗れた議員が任期満了まで無為に過ごす期間)」をなくすために憲法修正第20条が可決されて、１月バロメーターが生まれた。そのとき以降、基本的に「１年は１月と同じ方向に動く」ようになった。１月の相場の方向はその年の残りのほとんどのメジャートレンドを正確に予測してきた。

1934年以前は、新大統領が就任するときを除いて、11月に新しく選出された議員は翌年の12月までの13カ月間、登院しなかった。次の会期中は選挙で敗れた議員たちが議会にとどまったのだ。彼らは「レームダック（お荷物)」と呼ばれていた。1934年以降、議会は前年11月に当選した議員を含めて、１月の第１週に開かれるようになった。さらに、大統領の就任式も３月４日から１月20日に繰り上げられた。

１月に予測力があるのは、この月に起きる重要なイベントが多いからだと考えられる。議会が新たに招集されるし、大統領は一般教書演説をして、年間予算を提示し、国家目標と優先事項を決める。これらのイベントは明らかに国内経済とウォール街、それに世界の多くにも影響を及ぼす。それに加えて、１月は資金が流入し、ポートフォリオが見直され、トレード戦略が策定されるのだ。これで、１月がいかに予測力を持ち得るかは明らかだろう。これらのイベントをほかの月に切り替えられたら、１月バロメーターはおそらく過ぎし日の思い出と化すだろう。

第１四半期に、ダウ平均の終値が12月の終値での安値を下回るときは、優れた警告になることが多い。レイモンド・ジェームズの投資戦略担当常務であるジェフリー・ソートが数年前、この点に気づかせてくれた。12月の安値指標は、1970年代にフォーブズ誌のコラムニストであり、ウォール街でアナリストだったルシアン・フーパーが考案したものである。フーパーは１月の重要性や１月の第１週を信頼できる指標とする見方を退けた。彼は休日で取引日が減る週には、トレンドに規則性がなく、操作されることもあると注意を促した。フーパーはその代わりに、「12月の安値にもっと注意を払いなさい。新年の第１四半期に、その安値を割り込んだら気を付けなさい！」と言った。

1952年以降のそうした例のうち、２回を除いてすべての回で、12月の安値を割ったあと、さらに下げている。第１四半期に12月の安値を割り込んだあとに、ダウは平均でさらに10.9％下げたのだ。そうした例があった32回のうちの18回は、１年での最安値を付けたあと、その年の残りに上昇した。そのうち16回は年間でも上昇している。

第１四半期に12月の安値を割り込まなかったにもかかわらず、大きく下落したのは３回だけだった（1974年、1981年、1987年）。この指標も１月バロメーターも間違ったのは５回だけで、９回の年は横ばいで終わった。第１四半期に12月の安値を割り込まない年には、１月バロメーターはほぼ百パーセント正確である。

最高の３カ月

11～１月には株を買い持ちしておこう。歴史的に見て、その時期が株を保有しておく最高の連続した３カ月だからだ。相場は普通、休暇シーズンに活気づき、著しく危ない時間枠はない。サンタクロースラリーの公式値は１月の第２取引日の終値で決まり、そこからは指標が満載の１月が始まる。

サンタが訪れるとき、１月最初の５日間も１月バロメーターもポジティブになる。そういうことは2012年を含めて、過去63年で27回あった。ここ最近の26回のうち24回では、年間でも上昇している。これは92.3％の精度である。これらの年には、S&P500の年平均の上昇率は17.5％に達している。

まとめ

●歴史的に見て、株を保有する最高の連続３カ月である11～１月に買いポジションを取るべきだ。

●１年間のS&P500の動きは１月の動きに似る。

第10章　収穫の春

――最高の６カ月で得られたものを収穫

Spring Harvest

私は北東部で生まれ育ったので、２月になるといつも大吹雪に襲われて、学校は休みになり、家族でフロリダに避難したものだ。そうした楽しい日々が過ぎ去って久しい。今の私は１月バロメーターの結果と自分の年間予測に施した調整を手に、放送局やマスコミ関係を歩き回りながら２月初めを過ごしている。その後はたいてい、２月の第３月曜日のワシントン誕生日に始まる、ニューヨーク市のトレーダーズ・エキスポに出かける。

相場は11月から１月の最高の３カ月にしっかりと上昇すると、２月に一息つくのが普通だ。１月の上昇幅が大きいと、相場は２月に調整するか揉み合うことが多い。そして、２月末か３月初めには再び上昇を始めて、最高の６カ月が終わる４月まで上げ続けがちだ。そのため、相場が弱ければ、持ち株を買い増すか新しく株を買う機会に利用できる。

いよいよ４月に入ると、弱気の季節性の兆しが出始めていないか探して、仕切りの逆指値注文を現在の株価に近づけ、最悪の６カ月に備えるときだ。出来高が細り始めると、市場のファンダメンタルズとテクニカル指標から、弱気相場を利用して秋に買った株の利食い時が確かめられるだろう。

しかし、まずは春の収穫月の始まりである２月に、どういう良い機会が見つかるかを確かめておこう。

２月に見られるもの

１月は類を見ない月だが、短く寒い２月はウォール街では忘れられたも同然で、ほとんど痕跡を残さない。２月は最高の６カ月のなかでは弱く、そのときどきのトレンドに従いやすい。もっとも、ウォール街は１月のパフォーマンスに基づいて、相場の見通しを再評価して調整するので、１月の上昇幅が大きいときにはバレンタインデーとワシントン誕生日がある２月には調整や揉み合いが起きやすい。1950年以降、１月にS&P500が２％以上も上昇すると、70.4％の確率で２月は調整するか揉み合った。１月に下落したときには、62.5％の確率で２月は下落した。

1950年以降、２月は半分をわずかに超える日で上昇しているが、指数によっては平均をわずかに上回ったり下回ったりする。

しかし、小型株は「１月効果」が続くことで恩恵を受けるため、２月には大型株よりも上げる傾向がある。小型株指数であるラッセル2000は1979年以降、２月に平均で1.0％上げていて、このベンチマークでは７番目に良い月である。

大統領選挙の翌年は主要な指数が平均して下げるが、２月はそれよりもさらに悪い。ナスダックでは、大統領選挙の翌年の２月が最悪の月になり、平均でマイナス4.4％になり、過去10回のうち８回で下げている。中間選挙の年と大統領選挙の前年の２月は、この月の全般的なパフォーマンスから見れば目立って良いが、近年ではせいぜい中ほどの順位までしか上げていない。一方で、大統領選挙の年の２月は、ナスダックとラッセル2000が際立って良い。2000年の２月が非常に強かったために、大統領選挙の年のナスダックとラッセル2000の順位が押し上げられたからだ。それを別にすれば、２月のパフォーマンスは大統領選挙の年のほかの月と比べて、良くても平凡で、大型株の指数では９番目よりも良いときはなかった。

しかし、１月も２月もプラスになって、この２カ月を合わせたダウ平均の上昇が2012年のように少なくとも５％あるときは、その年の残りが強気だということを示していた。1900年以降、そうしたことが20回あり、そのうち16回で３月から12月まで平均して５％の上昇をしていたのだ。残りの４回のうち、2011年は少し下げただけだったが、1930年、1931年、1987年はひどい下げに見舞われて弱気相場となった。

１月がいつものように強く終われば、２月初めの大型株は良い動きをする。１日目は強気で、過去21年のうち15年で上げていて、S&P500は平均して0.5％上昇した。その後、その相場の強さは衰えて、８、９、11日目に再び強くなる。オプションや先物の満期日に当たる週は２日ある弱気の日のせいで傷つき、そこから月後半の弱気相場に入ることが多い。小型株もハイテク株も、中旬の相場の弱さから完全には逃れられない。

狂乱の３月

嵐の３月相場に入ると、株価は月初めに押し上げられて、月末に打ちのめされる傾向がある。ローマ神話の軍神マルスにちなんで名づけられた３月は、しばしば強気と弱気が闘う場となる。ジュリアス・シーザーは「３月15日に気を付けろ」という有名な警告に耳を貸さなかったのだろう。しかし、投資家たちがこの警告に従うならば、役に立つと思われる。株価は３月中旬ごろに下げがちで、時にはかなりの急落を見せることがある。思い出してもらいたい。ナスダックは2000年３月10日に、そしてS&P500は３月24日に天井を付けたのだ。最近は、３月の上昇のほとんどが月初めと中旬に起きている。後半は下げる日が極めて多く、月末の３～４日を合計すると、過去22年のうち16

年でマイナスだった。

３月は予定がびっしり詰まっている。この月は第１四半期の終わりで、トリプルウイッチングの満期日もあるために、ウォール街はポートフォリオの調整をさかんに行う。近年、３月のトリプルウイッチングの週は極めて強気である。しかし、翌週には正反対になり、ダウ平均は過去24年のうちの15年で下げている。しかも、しばしば急落して、平均ではマイナス0.5％だった。2000年の4.9％、2007年の3.1％、2009年の6.8％、2011年の3.1％と、翌週にダウ平均が著しく上昇したこともあるが、これらはこの歴史的に弱い時期でのまれな例外である。

３月は通常、かなりパフォーマンスが良い月だが、大統領選挙の翌年には非常に弱くなる。ダウ平均とS&P500はそれぞれ0.2％と0.4％という適度な上昇にとどまっている。一方、ナスダックは平均してマイナス0.7％と、下げている。中間選挙の年の平均パフォーマンスはこれをわずかに上回る。大統領選挙の前年の３月は４番目に良く、平均で一律に2.0％かそれ以上の上昇を誇る。大統領選挙の年は月並みで、上昇したのはこの期間の６割だけだった。1952年以降のダウはわずか0.5％の平均上昇率だった。S&P500も1952年以降で上昇したのはこの期間の６割だけだが、上昇率は平均して0.7％と、わずかに良かった。しかし、ナスダックは1972年以降、大統領選挙の年の３月は良くない。1980年に17.1％も下落したせいで、３月はナスダックにとって、大統領選挙の年で最も悪い月となっている。

月初数日は大型株が弱く、この時期の半分ぐらいでしか上げていない。ナスダック上場株と小型株指数のラッセル2000構成株のほうが、３月初めにわずかに強い。６～７日目までには上げ一服となり、小動きとなる。中旬になると、１年で最初のトリプルウイッチングや401kの資金流入によって、株価は押し上げられがちになる。だが、15日を過ぎると、めったに上昇しなくなる。月初に似て、月の最後の日は小型株とハイテク株が最も上げる。ラッセル2000は過去21年の76.2％の期間で上げているが、ダウ平均は３年のうち２年で下げている。これは大型株の人気がなくなって、小型株が輝く第２四半期の終わりを思い起こさせる。

４月の動き

1999年４月は、ダウ平均が1000ドル上げた初めての月だった。しかし、確定申告の期限であるこの月は、2000～2005年にひどく打ちのめされて、６年のうち４年で下落した。2006年以降、４月は６年続けて上げた。平均で4.2％の上昇であり、1950年以降、ダウ平均で最も良い月という地位を取り戻した。S&P500とラッセル2000では２番目に良く、ナスダックでは３番目に良い（1971年以降）。

4月はダウ平均とS&P500にとって、最高の6カ月の終わりとなる。また、ほかの多くの指数を用いた季節性に基づく切り替え戦略では、4月の地位は依然として揺るぎない。4月に入ると、特にその前に大幅に上昇している場合は、ダウ平均とS&P500にMACD（移動平均収束拡散指標）指数で売りシグナルが出ていないかを、私たちは探し始める（第14章参照）。

かつては、4月後半よりも前半のほうが良かったが、1994年以降になると、それは当てはまらなくなった。確定申告の最終期限である4月15日の影響は小さくなっているように見える。4月の間、相場は明らかに第1四半期の利益に焦点を合わせている。第1四半期についての異例の利益やポジティブサプライズが期待されやすく、相場は決算発表に先立って上昇するのだ。

大統領選挙の翌年の4月は、大きく上げ下げを繰り返しながら、平均してかなりの上昇を見せる。中間選挙の年の4月も値動きは激しいが、やや下げがちである。大統領選挙の前年の4月は大型株が最も強く、1950年以降にS&P500が下げたのは1回だけだった。大統領選挙の年は通常であれば強気（大統領選挙の4年周期で2番目に良い年）になるが、4月には正反対の影響を受ける。4月のダウ平均とS&P500を見ると、1952年以降、大統領選挙の年の平均上昇率は、1950年以降のすべての年の平均上昇率の約半分にすぎない。ナスダックの場合、1971年以降の4月の相場はたいてい強いが、主に2000年に15.6％の下落を被ったせいで、大統領選挙の年の４月は平均するとマイナスとなる。

オプションの満期日に当たる週は４月相場に良い影響を及ぼすことが多い。ダウ平均はこの週に1990年以降で最高の記録を持ち、平均で1.6％の上昇をしている。満期日の週の１日目は満期日よりもわずかに良く、週全体でも、通常はどの日もかなりの上昇を見せる。しかし、その翌週は売りに押されることが多い。

４月は過去62年にわたって、ダウ平均が１番良かった月だったが、それでも月を通してかなりの変動があった。最近では、１日にかなり大きく上下するのはごく当たり前のことだ。ダウ平均は４月初めの数日に最も強く、中旬もあらゆる種類の株が強い。確定申告の最終期限を過ぎると、相場は弱気になりがちだが、月末の３日はナスダックとラッセル2000が強さを見せる。

まとめ

●普通、２月は最高の６カ月のなかで最悪の月になり、それまでの３カ月の上昇を打ち消す。

●一般的に、３月いっぱいから４月にかけて再び上昇する。しかし、３～４月は月半ばに相場が弱くなるために、含み益がかなり多い株を持つトレーダーや投資家は忍耐力を試されやすいという危険が潜む。

●４月は平均して１年で最高の月だが、問題の兆しがないか用心する必要がある。過去63年の統計によると、４月に利食いをして守りの体勢に移ることが賢明だったと分かる。

第11章　不振の夏
――夏の数カ月に投資家がくつろげる理由
Summer Doldrums

近年では、５月まで待ってから売り、相場を離れるのでは遅すぎた。トレーダーや投資家は、2010年５月６日に最初の「フラッシュクラッシュ（瞬間的な暴落）」に不意を突かれた。ほんの数分で、ダウ平均は1000ドル近く急落したが、下落分のかなりを取り戻して、大引けではどうにか347.80ドルの下げで済んだ。

2011年の５月は５カ月連続で下げたときの最初の月に当たり、結局、その月の下げは終値で見たダウ平均の４月高値から10月安値までの下落分の16.8％に相当した。そういうわけで、４月に手仕舞ってこの数カ月の苦痛を避けて、暖かな天気の始まりや夏休みを楽しむことを考えたほうがよい。

問題を抱えた５月

５月は長年にわたって、油断のならない月だった。それは私たちが「５～６月の被災期間」と呼んでいたものの一部だった。S&P500は５月に、1965～1984年の20年のうち15年で下げた。しかし、その後の1985～1997年には最高の月になり、S&P500は毎年、13年連続して上昇して、平均では3.3％上げた。この期間にダウ平均は１回、ナスダックは２回しか下げていない。

ところが1997年以降になると、５月のパフォーマンスは過去15年のうちわずか６年でしか上昇せず、不規則だった（このうちの４年は４％を超える上昇をしている）。ナスダックは1998～2001年の５月は必ず下落し、2000年５月にはマイナス11.9％も下げた。その後は３％を超えるかなり大きな６回の上昇と、３回の下落が続いた。このうちで最大の下落は2010年５月のマイナス8.3％だった。

ダウ平均とS&P500にとって、５月は最悪の６カ月の始まりだ。だから、「５月に売って、相場から離れなさい」と言われるのだ。私たちが1986年に考案した最高の６カ月での切り替え戦略がうまくいくということは、この年配トレーダーの格言に価値があるという証明だ。仮に11～４月に62年間、ダウ平均に１万ドルの投資をしていたとすると、複利で67万4073ドルになっていた。ところが、５～10月に投資をしていたら1024ドルの損失を被っていたのだ。

大統領選挙の翌年は４年周期で最悪の年という評判だが、５月に関しては最もパフォーマンスが良い年でもある。近年、５月はナスダック（平均3.4％の上昇率）とラッセル2000（平均4.7％の上昇率）で１位、S&P500（平均1.7％の上昇率）で２位、ダウ平均（平均1.3％の上昇率）では４位だった。

中間選挙の年の５月はその約半分の日が下げていて、全期間の平均でも下げている。大統領選挙の前年の５月は特に小型株が強気になる。ラッセル2000はこのかなり強気の年に、平均で2.7％上昇している。

大統領選挙の年の５月は最低か、それに近い順位だ。ダウ平均とナスダックは平均でマイナス、S&P500とラッセル2000はわずかな上昇にとどまる。

５月のオプション満期日前の月曜日は、満期日よりもはるかに強い。もっとも、小型株のほうは弱い。大型株はこの22年で４回しか下げていない。しかし、満期日となると、いつも下げている。満期日に当たる週全体では強気に傾いていたが、近年ではそれもなくなっている。オプション満期日の翌週は現在、ハイテク株と小型株が好まれている。ダウ平均はこれらの週の過去13回のうち９回で下げている。

母の日（第２日曜日）の前の金曜日に、ダウ平均は過去17年のうち11年で上昇している。そして、翌日の月曜日になると、優良銘柄から成るこの指数は同期間のうち、14年で上昇している。

５月の最初の２日間は上昇することが多い。ダウ平均は過去５年の１日目のうち４年で上昇した。ナスダックとラッセル2000は３日目も、そして月を通しても強気であり続ける。大型株は３、４、５、15、16取引日目に弱くなることが多いが、中旬はかなり強くなる傾向がある。ナスダックとラッセル2000は５月末の３日間に再び最も強くなる。

６月のお守り

過去41年間、夏の到来を告げる６月はナスダックで輝いていることが多い。平均上昇率は0.7％で７番目であり、41年のうちの23年で上げている。これが「ナスダックの最高の８カ月」が６月まで続く一因となっている。ダウ平均で見ると、６月は1950年以降での最下位に近く、９月よりもわずかに良いだけだ。

ナスダックの最高の８カ月の期間に投資をしていたら、長期投資で優れた結果が得られていた。1971年以降に、時期に合わせて切り替えるだけという単純な方法で、最高の８カ月（11～６月）の間にだけ、ナスダックに１万ドルを投資していたと仮定すると、101万1221ドルの利益になっていた。これに対して、７～10月の最悪の４カ月に投資をしていたら、7305ドルの損失になっていた。

大統領選挙の翌年の６月は非常に弱く、ダウ平均とS&P500の平均リターンは大きくマイナス圏まで押し下げられた。中間選挙の年の６月はダウ平均、S&P500、ラッセル1000で最も悪い。なかでもS&P500が最も打撃を受けていて、過去16回のうちの11回で下落し、平均してマイナス2.1％の下げである。大統領選挙の前年の６月は最も良い。だが、最近では弱く、2007年と2011年は下げている。

１年で２番目のトリプルウイッチングの週は、相場が不安定になる。トリプルウイッチングの週の月曜日に、ダウ平均は過去22年のうちの12年で上昇したが、過去４年のうち３年では下落している。この週の金曜日はわずかに良いが、上昇するよりもかなりの下落をするほうが多い。この１週間のパフォーマンスは変動が激しく、どちらの方向でも１％を超える動きが多く見られる。トリプルウイッチングの日の翌週にトレードするのは危ない。この週にはダウ平均が13年連続で下げていて、上げたのは22年で２回しかなかった。

６月初めの取引日はダウ平均がこの月で２番目に良く、過去21年のうち15年で上昇している。この日を上回るのは10日目だけだ。その後は月末近くまで上昇することはあまりない。最後の３日間に、年１回のラッセル指数の入れ替えが行われると、ナスダックとラッセル2000の銘柄が押し上げられる。第２四半期の最後の日はちょっと矛盾している。「ポートフォリオ・ポンピング（ファンドの資産価値を評価する直前に、保有銘柄の株価をつり上げる行為）」によって、過去21年のうちの15年でダウ平均は下げたが、同じ期間にナスダックは13年、ラッセル2000は14年で上げているのだ。

日が長くなって暖かくなってくると、毎年、必ず「サマーラリー」という不名誉な流行語がウォール街で聞かれる。出来高が細り始めると、サマーラリーが訪れそうだという話が投資家の耳に入る。しかし、上昇が起きても、それはたいてい長続きせず、大した上昇でもない。

しかし、明らかな例外が確かにある。ナスダックには1987年以降一貫して、６月末に始まる短期的だが強い上昇が起きている。６月末の３取引日前から７月の９取引日目までの12日間、長年にわたって平均で2.3％の上昇をしてきたのだ。

ブレが大きい７月

７月はダウ平均とS&P500にとって、第３四半期で最高の月かもしれない。しかし、それは当然でもある。ほかの２カ月（８月と９月）のパフォーマンスはほとんどの場合、マイナスだからだ。1950年以降、ダウ平均は1.2％、S&P500は0.9％の平均上昇率だった。

ナスダックの最悪の４カ月は７月に始まる。また、店頭指数は1971年以降、特別に良かった数年を除いて、７月はひどい下げに見舞われ、平均でわずか0.02％の上昇しかしなかった。年後半の初めには、おそらく年金基金から新たな資金が入ってくるため、夏の初めの１カ月は大きく相場が動くことが多い。弱気相場のさなかでないかぎり、初旬は強くて中旬は弱く、月末にかけて再び強くなる。７月に大幅上昇をすると、しばしば年内にかなり大きな下落が起きて、株を買う良い機会になる。

大統領選挙の翌年の７月は極めて良く、S&P500とダウ平均では最も良い月だ。中間選挙の年の７月はラッセル2000で最悪の月になり、最下位である。マイナス4.3％の大幅下落と、長年にわたって散々な成績であり、上昇は２回だけだった。大統領選挙の前年は全体的に強気の波に押し上げられるために、７月も適度の上昇をする。大統領選挙の年の７月は選挙遊説が過熱するせいで、大型株がわずかな上昇と下落を繰り返してきた。この年の７月はナスダックでは３番目に悪い年で、平均マイナス1.8％の下落で、上昇は４回、下落は６回だった。

７月のオプション満期日は通常、振るわない。最近は、満期日前の月曜日に最も強く、過去９年のうちの７年で上げている。満期日の金曜日はやや弱く、過去22年で８年しか上昇していない。満期日の週とその翌週は、長年にわたってどちらにも動き、週に２％を上回る値動きが何回もあった。

ダウ平均とS&P500はこの月に強く始まって、過去21年の第１取引日のうち17回で上げている。２日目は弱いが、その後はオプション満期日まで強い。しばしばオプション満期日の翌週に当たる７月の３週目は、この月のうちで大きな問題が起きやすい時期である。

私が長年にわたって調べた多くの興味深い季節性の１つは、1950年以降にダウ平均が７月に3.5％以上も上げたことに関係している。**表11.1**は、強気筋が７月に殺到したときはいつでも、その後数カ月に投資家たちが安く株を買う機会に恵まれやすかったことを示している。

年後半の安値のうち５回は、熱い７月相場のすぐあとに付けている。1954年８月の安値は1953年の弱気相場が終わったあとに付けた。この弱気相場は1953年９月に底入れして、その後は1956年４月まで上昇を続けている。また、1957年の弱気相場のあとに新しい強気相場が始まったのは、1958年４月だった。1958年８月はその強気相場のさなかで、わずかしか下げなかった。

1969～1970年の弱気相場は1970年５月に終わったが、1970年８月にはすぐに再び下げている。1900年以降で２番目に悪い2008年からの弱気相場は、2009年３月に安値を付けて終わった。今や有名になったワイオミング州ジャクソンホールの講演で、ベン・バーナンキFRB（連邦準備制度理事会）議長がQE2（量

表11.1　熱い７月相場と秋の買いの機会

７月の3.5%以上の上昇			その後の年後半の安値		
年	ダウ平均	上昇率	日付	ダウ平均	下落率
1951	257.86	6.3	11/24	255.95	–0.7
1954	347.92	4.3	8/31	335.80	–3.5
1956	517.81	5.1	11/28	466.10	–10.0
1958	502.99	5.2	8/18	502.67	–0.1
1959	674.88	4.9	9/22	616.45	–8.7
1962	597.93	6.5	10/23	558.06	–6.7
1967	904.24	5.1	11/8	849.57	–6.0
1970	734.12	7.4	8/13	707.35	–3.6
1973	926.40	3.9	12/5	788.31	–14.9
1978	862.27	5.3	11/14	785.26	–8.9
1980	935.32	7.8	12/11	908.45	–2.9
1987	2572.07	6.3	10/19	1738.74	–32.4
1989	2660.66	9.0	10/13	2569.26	–3.4
1991	3024.82	4.1	12/10	2863.82	–5.3
1994	3764.50	3.8	11/23	3674.63	–2.4
1997	8222.61	7.2	10/27	7161.15	–12.9
2005	10640.91	3.6	10/21	10215.22	–4.0
2009	9171.61	8.6	8/17	9135.34	–0.4
2010	10465.94	7.1	8/26	9985.81	–4.6
				合計	–131.4
				平均	–6.9

的緩和第２弾）について初めて触れると、すぐに2010年の相場を下支えすることになった。

ほかのすべての場合では、９月中旬から12月中旬までの90日間に、もっと良い買いの機会がもたらされた。

まとめ

●「５月に売って、相場から離れなさい」というアドバイスにはもっともな理由がある。しかし、最近起きている傾向を見ると、これはもう時代遅れだという可能性も捨てきれない。過去２年は、４月に売るのが賢明な行動だったからだ。

●ナスダックの12日間のサマーラリーを別にすれば、６～７月に相場から離れていても、良いトレード機会を逃すことはほとんどない。７月にダウ平均が3.5％以上も上げたときでさえ、その後に株を買うほうが割安だったからだ。

第12章　楽しい時を祝う

――休日のトレードを最大限に利用する

Celebrate Good Times

だれでも、各市場も市場の動きを追う人々でさえも、ときどきは休みが必要だ。NYSE（ニューヨーク証券取引所）は以下の９つの祝日に休場する。それらは、元日、キング牧師の日、大統領誕生日、聖金曜日、メモリアルデー、独立記念日、レイバーデー、感謝祭、クリスマスだ。

もちろん、休日や特別行事であっても市場は開いていることはたくさんある。しかし、それは問題ない。スマートフォン時代の現在、トレーダーや投資家は市場データにアクセスしてトレードを続けることができるからだ。ただ、こっそりと抜け出して、投資対象を見直してトレードをしているところを母親に見つからないようにすることだ。これらの時期にトレードをするのは気が散るかもしれないが、NYSEが休場にならない休日のほとんどで相場全体にはっきりと影響が現れることはまずない。例外は、あとの章で述べるロシュ・ハシャナ（新年祭）とヨム・キプル（贖罪の日）というユダヤ教の大祭日と、過ぎ越しの祭りで、これらは各市場に影響を及ぼす。

サンタクロースが街にやってくる

あなたは私たちが新年の休日から話し始めると思ったかもしれない。しかし、実際にはまず、前年の最後の休日であるクリスマスから始めるのが一番良いのだ。サンタクロースラリー（クリスマスの翌日から始まる７取引日）のおかげで、クリスマスと元日のそれぞれ前後の日はトレード、特にハイテク株と小型株のトレードをするのに最もふさわしい日となっている。1990年以降、クリスマスの３日前から元日の３日後までに、平均してナスダックは3.1％、ラッセル2000は2.4％の上昇をしている。

この上昇によって、年末の休日には気分が良くなり、年末にボーナスが支払われたり、節税目的の売りが終わったりする可能性もある。これらの休日が１年の最高の６カ月に当たり、最高の３カ月の真っ最中でも問題ない。

私たちはNYSEが休場になる前後それぞれ３日間の相場を定期的に調べているが、休日に最も影響を受けているのは前日と翌日だ。クリスマス前後の日の相場はいつでもお祭り騒ぎになる。**表12.1**はクリスマスシーズンの休日ショッピングで、株

表12.1　クリスマス前後の相場（1990年以降）

	前日			翌日		
	上昇回数	下落回数	平均騰落率	上昇回数	下落回数	平均騰落率
ダウ平均	14	8	0.28	16	6	0.24
S&P500	14	8	0.26	16	6	0.22
ナスダック	14	8	0.51	17	5	0.25
ラッセル2000	16	6	0.40	18	4	0.37

も買われることを示している。私は長期トレンドが強気の時期と弱気の時期の両方で、近年の相場がどう動いたかがよく見通せるように、1990年までさかのぼって調べた。

年末最後の取引日に強気でなくなるのは、土壇場でポートフォリオの見直しが行われるためだ。利益や損失を次の会計年度に繰り越す行為は、新年の第１取引日に影響を及ぼす。最近、この売り圧力は新年に入っても続いている。この売りはダウ平均とS&P500が平均でマイナスになっていることからも明らかである。ナスダックとラッセル2000はそれほど悪いようには見えない。しかし、ナスダックは年末の最終日に、1971年から1999年まで29年連続で上がったあと、過去11年のうちの10年で下げている。また、ラッセル2000も1979年から1999年まで21年連続で上げたあと、過去11年のうちの９年で下げているのだ

表12.2　元日前後の相場（1990年以降）

	前日			翌日		
	上昇回数	下落回数	平均騰落率	上昇回数	下落回数	平均騰落率
ダウ平均	10	12	−0.23	15	7	0.40
S&P500	8	14	−0.21	10	12	0.27
ナスダック	12	10	0.04	14	8	0.22
ラッセル2000	13	9	0.35	8	14	−0.14

（表12.2を参照）。

キング牧師の日

第４四半期の大幅上昇は１月に調整するか、揉み合う傾向がある。長年にわたって、この傾向が１月のいつごろに始まるかは一定していなかった。例えば、2008年には１日目に始まったが、2010年は中旬になってから始まった。実際にいつ始まるかとは関係なく、１月中旬の相場の弱さは、元日の次にNYSEが休場になるキング牧師の日に悪い影響を及ぼしてきた。

1998年以降の毎年、１月の第３月曜日は歴史上で最も重要な公民権リーダーの一人を祝して、法定休日になっている。このため、オプション満期日の週が火曜日に始まることもある。こ

表12.3　キング牧師の日前後の相場（1998年以降）

	前日			翌日		
	上昇回数	下落回数	平均騰落率	上昇回数	下落回数	平均騰落率
ダウ平均	8	6	0.19	7	7	−0.33
S&P500	9	5	0.25	7	7	−0.31
ナスダック	9	5	0.26	7	7	−0.24
ラッセル2000	10	4	0.23	7	7	−0.11

の週の取引日数が減ることも、火曜日の相場が弱くなって、しばしば週後半にもっと悪くなる一因にもなった。この３連休前の金曜日に相場が強い場合、空売りをしておけば、翌週に最も利益が得られる可能性が高い（**表12.3**を参照）。

ネガティブな大統領誕生日

大統領誕生日（２月の第３月曜日）は、その前後の日に相場が弱い唯一の休日である。過去22年の間に、下げ幅はさらに大きくなっている。この真冬の３連休前の金曜日は非常に悪いが、休み明けの火曜日はそれほど悪くなく、最近ではある程度良くなっている。とは言え、ナスダックとラッセル2000の下げ幅は平均して大きくなっている（**表12.4**を参照）。

表12.4　大統領誕生日前後の相場（1990年以降）

	前日			翌日		
	上昇回数	下落回数	平均騰落率	上昇回数	下落回数	平均騰落率
ダウ平均	6	16	−0.34	10	12	−0.33
S&P500	5	17	−0.47	11	11	−0.44
ナスダック	5	17	−0.68	6	16	−0.88
ラッセル2000	10	12	−0.27	7	15	−0.64

1991年と2003年の２回は相場が異常に強かったが、このときにはペルシャ湾での軍事行動が関係していた。1990年８月にサダム・フセインに侵略されたクウェートを解放するために、連合軍が1991年に報復の空爆を１カ月にわたって行い、イラク軍に打撃を与えた。大統領誕生日前の金曜日だった1991年２月15日に、イラクは制裁を解くことを条件にクウェートから引き揚げると申し出たが、ブッシュ大統領は「悪質な捏造」だとして拒絶した。休日後の火曜日にシュワルツコフ将軍は、イラク軍が「崩壊寸前」だと語った。これら２つの明らかな降伏の兆候を、ウォール街は買いで祝った。2003年２月にはイラクとの戦争が再び始まるのではないかという予想が世界に広まり、ダウ平均は前年11月の高値から13.2％下落した。イラクへの侵攻が今にも起きそうになると、大統領誕生日の前後の日に相場は上昇し

た。その後、３月19日の攻撃前の週に2003年の最安値を付けた。

大統領誕生日前の金曜日までの３日間、相場は極めて強い。この強さを利用して、スキーか南の島に出かける前に利食いをすることができる。もしも家にいてトレードをする予定なら、１年のこの時期に悩まされる相場の弱さを利用して、空売りができないか考えるとよい。金曜日は最も一貫して下落しているが、それが火曜日まで続くことはあまりないので、金曜日は空売りしている株を買い戻す格好の日となる。うまくいけば、この短い真冬の休日近くに十分な利益が得られるだろう。

アイルランドの聖人

聖パトリック祭は毎年３月に祝われる唯一の休日だ。確かに、聖金曜日と復活祭も３月になることがときどきあるが、それは過去62年に12回だけだった。しかし、聖パトリック祭は毎年３月17日と、同じ日に祝われる。株式市場も銀行も休日にはならないが、この祭日は毎年何百万人（ひょっとすると、数十億人）によって祝われている。そして、この祝祭はウォール街の近くでも行われる。パレードは世界中で行われるが、マンハッタン中心部で行われるものが最大なのだ。ニューヨーク市は1762年から毎年、このパレードを主催している。

聖パトリック祭の前日よりも当日か、週末に当たる場合なら

表12.5　聖パトリック祭前後の相場（1990年以降）

	前日			3月17日かその翌日*		
	上昇回数	下落回数	平均騰落率	上昇回数	下落回数	平均騰落率
ダウ平均	12	10	0.22	16	6	0.62
S&P500	14	8	0.18	17	5	0.66
ナスダック	11	11	–0.11	15	7	0.71
ラッセル2000	9	13	–0.19	16	6	0.61

＊３月17日か聖パトリック祭が週末に当たるときは次の取引日

ば、翌取引日のほうが上昇幅は大きくてはるかに一貫していた。この守護聖人の休日への期待や、五番街を行進するパレードの準備に忙しいために、株式相場はダレることもある。おそらく、人々は祭りに参加しているので、抜け目ない人々もウォール街から姿を消して、最も強いプロだけが残って思いもかけない大金を追い求めているためだろう。あるいは、聖パトリック祭はたいていトリプルウイッチングの週に当たるせいかもしれない。**表12.5**を見ると、1990年以降の相場は休日前に弱いが、当日か翌日に下落したことは少ないことが分かる。

比較的良い聖金曜日

NYSEの休日のうちで、復活祭前の金曜日に当たる聖金曜日

表12.6　聖金曜日前後の相場（1990年以降）

	前日			翌日		
	上昇回数	下落回数	平均騰落率	上昇回数	下落回数	平均騰落率
ダウ平均	15	7	0.48	11	11	−0.08
S&P500	15	7	0.53	9	13	−0.13
ナスダック	16	6	0.58	11	11	−0.29
ラッセル2000	16	6	0.61	6	16	−0.21

の場合、その前日は明らかに強く、翌取引日になると弱くなる。ナスダックは過去17回のうちの15回で聖金曜日の前日に上昇し、2001年以降では11回続けて上げている。

しかし、復活祭の翌日は休日後で２番目に悪く、下落幅がこのとき以上に大きいのは大統領誕生日のあとだけだ。S&P500の場合は過去20年の復活祭の翌日のうち16年で下げているが、過去８年のうち６年は上げている。**表12.6**を見ると、聖金曜日の前日に相場が強く、翌取引日になると弱いことが分かる。

聖金曜日が３月ではなく４月に当たるときのほうが、その前日はよりポジティブになる。４月に当たるときのS&P500は、過去11回のうち９回で上昇している。復活祭の翌日は４月であってもネガティブだが、３月のときほどではない。これは３月が第１四半期の最終月であるために変動が大きいことと、４月は全般に強くて、ダウ平均では最も良い月であることと関係がありそうだ。

メモリアルデーと株式相場

議会は1971年の休日に関する法律で、5月末をメモリアルデー（戦没将兵追悼記念日）とすることを可決した。1971年以降、メモリアルデーは5月の最終月曜日とされている。メモリアルデーの前日は3連休に先立って下げやすく、休日明けに強い相場になった。夏の初めての長い連休に早くから出かける人たちが多いために、ダウ平均は過去4年のうち3年で下げている。

その翌週はまちまちで、そのときどきの短期トレンドに従う。ダウ平均は1984～1995年の12年連続で上げた。過去16年のうち7年で上昇していて、1999年、2000年、2003年、2007～2009年には3けたというかなりの上昇を見せた。しかし、過去2年はかなりの下落をしていて、2010年は204.66ドル、2011年は290.32ドルの下げだった（**表12.7**を参照）。

花火がほとんど上がらない独立記念日

7月4日の独立記念日前後は取引が低調になることが多い。休暇が早く始まって遅くまで続くため、独立記念日前後の出来

表12.7　メモリアルデー前後の相場（1990年以降）

	前日			翌日		
	上昇回数	下落回数	平均騰落率	上昇回数	下落回数	平均騰落率
ダウ平均	11	11	–0.17	15	7	0.27
S&P500	11	11	–0.10	11	11	0.20
ナスダック	11	11	–0.08	12	10	0.32
ラッセル2000	12	10	–0.01	11	11	0.29

高は細りがちになる。近年はやや上向いているものの、1980年以降のダウ平均、S&P500、ナスダック、ラッセル2000は記念日の前日と翌日に平均して下落している。最もありそうな理由は、夏期休暇となるといつも早めに出発して、ぎりぎりまで帰らないからだ（**表12.8**を参照）。

レイバーデー前後のトレード

多くの人にとって、レイバーデー（９月の第１月曜日）の連休は大切な休暇である。20世紀前半は、国民の約４分の１が農業に従事していたが、今では２％に満たない。かつては、長い週末前の経済活動はもっと活発だった。レイバーデー前の３日間に、ダウ平均は1950～1977年までの28年のうち25年で上昇し

表12.8　独立記念日前後の相場（1990年以降）

	前日			翌日		
	上昇回数	下落回数	平均騰落率	上昇回数	下落回数	平均騰落率
ダウ平均	12	10	0.03	9	13	0.03
S&P500	12	10	0.03	11	11	–0.07
ナスダック	11	11	–0.06	9	13	–0.09
ラッセル2000	11	11	–0.18	9	13	–0.16

ていた。しかし、その後、強気の日は前日と休日明けの２日目に移った。これは９月初めの相場の強さと重なる。1990年以降の休日前後は、全般的に上昇しているが、上昇回数は２分の１をわずかに上回っているだけだ。小型株指数のラッセル2000は休日の前日に最も一貫して上昇している（**表12.9**を参照）。

ロシュ・ハシャナで売り、ヨム・キプルで買い、過ぎ越しの祭りで売れ

ウォール街には、「ロシュ・ハシャナ（ユダヤ教の新年祭）で買って、ヨム・キプル（贖罪の日）で売れ」という古い格言がある。かつては、それでうまくいった時期もあったが、20世紀半ばになると、それは当てはまらなくなった。しかし、ユダ

表12.9　レイバーデー前後の相場（1990年以降）

	前日			翌日		
	上昇回数	下落回数	平均騰落率	上昇回数	下落回数	平均騰落率
ダウ平均	11	11	0.09	13	9	0.26
S&P500	11	11	0.09	12	10	0.25
ナスダック	12	10	0.15	12	10	0.16
ラッセル2000	15	7	0.10	10	12	0.22

ヤ人の多くの同僚たちはユダヤ教の新年と贖罪の日に休むので、トレーダーたちは大祭日（ロシュ・ハシャナとヨム・キプル）が頭に浮かぶ秋になるたびに、この格言を考慮したトレードをする。しかし、私たちはロシュ・ハシャナで売り、ヨム・キプルで買い、過ぎ越しの祭りで売るほうが賢明だということに気が付いていた。この新しいパターンが生まれる根拠は、多くのトレーダーや投資家が宗教行事の順守や家族と過ごすことで忙しくなるせいで、ポジションを手仕舞うために、出来高が細って買い手がいなくなるからだ（詳しくは**表12.10**を参照）。

この表では休日が週末に当たる場合は、前日の終値を使っている。ロシュ・ハシャナとヨム・キプルが、９月か10月という危険でトレードに好都合でもある２つの月に当たるのは偶然の一致ではない。都合の良いことに、過ぎ越しの祭りが行われる３月か４月は、最高の６カ月を利用した切り替え戦略の終わり

表12.10　ロシュ・ハシャナで売り、ヨム・キプルで買い、過ぎ越しの祭りで売る

	ロシュ・ハシャナからヨム・キプルまでのダウ平均の騰落率	ヨム・キプルから過ぎ越しの祭りまでのダウ平均の騰落率
1971	−2.7	6.4
1972	−1.7	0.9
1973	2.3	−12.7
1974	−0.3	20.7
1975	−3.9	22.1
1976	−3.1	−5.2
1977	−1.8	−3.2
1978	4.1	−3.4
1979	−2.3	−10.1
1980	2.7	4.3
1981	4.2	−4.0
1982	0.4	22.8
1983	−1.5	−5.0
1984	−2.4	6.5
1985	0.3	39.6
1986	1.4	25.3
1987	2.1	−24.7
1988	1.0	13.7
1989	3.7	−2.2
1990	−4.1	18.8
1991	0.2	11.6
1992	−3.0	7.1
1993	−2.5	6.5
1994	1.8	6.4
1995	−0.5	19.9
1996	1.0	15.9
1997	0.4	11.8
1998	0.7	25.4
1999	−1.9	0.2
2000	−0.8	−7.4
2001	−2.7	19.8
2002	−0.6	−0.5

	ロシュ・ハシャナからヨム・キプルまでのダウ平均の騰落率	ヨム・キプルから過ぎ越しの祭りまでのダウ平均の騰落率
2003	3.0	10.2
2004	−1.8	1.1
2005	−3.0	9.0
2006	1.4	7.2
2007	2.9	−7.0
2008	−20.9	−5.8
2009	−0.3	11.4
2010	1.8	15.6
2011	−0.5	17.6
平均	**−0.7**	**7.0**
上昇回数	**18**	**28**
下落回数	**23**	**13**

近くに相当する。

おそらく、タルムードに書かれている知恵だろうが、特に2008年のような不確かな時期に、大祭日の８日間よりも前に株を売っておけば、多くの下落を避けることができた。ヨム・キプルから過ぎ越しの祭りまで買い持ちしていれば、ほかの機会の２倍以上の有利さがあり、平均上昇率は7.0％だった。このトレードは特に、2009年、2010年、2011年にうまくいった。昔ながらの月並みな考えに多くの人が従っているときには、ヨム・キプルのときに売るのではなく、逆に買うほうが報われるのだ。

感謝祭前後の相場でのトレード

35年間にわたって、感謝祭（11月の第４木曜日）前の水曜日と翌金曜日を合わせると、２回を除いて素晴らしい成績だった。この現象を休日で気分が良くなったからだと考えるのは簡単だった。しかし、1987年のストック・トレーダーズ・アルマナックで、このことを公表すると、災いの種になった。1987年は水曜日、金曜日、月曜日のすべてで下げて、３日合計でマイナス6.6％になった。1988年以降になると、水曜日と金曜日の24回のうち14回で上昇している。この間のダウ平均は合計で451.20ドルの上昇をした。対照的に、月曜日は1998年以降の13回のうち９回で下げ、この間のダウ平均は合計で619.07ドル下落した。

このパターンは2011年に逆転した。ダウ平均は水曜日と金曜日に263ドル下げて、次の月曜日に291ドル上げた。ヨーロッパの債務危機、中国の成長鈍化の兆し、議会が財政赤字削減案を作成できなかったことで、感謝祭の週には1932年以降で最大の下落、1901年以降では３番目に大きな下落が起きた。しかし、週末の休日ショッピングが16.4％も増えたことや、ヨーロッパの指導者たちが債務危機に対処する計画を進めているというニュースが出たために、月曜日の相場は全面的に上昇した。

ドバイショックと呼ばれるアラブ首長国連邦の債務危機によって、2009年のウォール街ではブラックフライデー（黒字にな

表12.11　感謝祭前後の相場（1990年以降）

	前日			翌日		
	上昇回数	下落回数	平均騰落率	上昇回数	下落回数	平均騰落率
ダウ平均	14	8	0.17	13	9	0.13
S&P500	14	8	0.22	13	9	0.17
ナスダック	16	6	0.39	16	6	0.49
ラッセル2000	15	7	0.36	17	5	0.30

る金曜日）は訪れなかった。その日の短い立会時間中に、ダウ平均は154.48ドル下落した。過去３年の感謝祭の翌取引日は、４つの株価指数すべてが下落している。この時期の最高のトレード戦略は、相場が弱い火曜日か水曜日に買って、翌月曜日まで持っているか、前の相場が強いときに手仕舞うことのように思える。

まとめ

●サンタクロースラリーのおかげで、クリスマスと元日の前後の日は非常に良い。しかし、元日前後の値動きはまちまちになってきた。最近では、新年の第１取引日に売りが多くなっている。

●レイバーデーの前日とメモリアルデーの翌日に強気になるかどうかは、それぞれ９月と６月の第１日目の相場が強くなるかどうかに影響する。休日後で２番目に悪い日は復活祭の翌日である。驚くべきことに、その次の日は休日の２日後にとって最高の日のひとつで、元日の２日後に匹敵する。

●大統領誕生日はすべての休日のなかで最も強気の度合いが小さく、前日と３日後は弱気になる。ナスダックは過去22回の大統領誕生日の前日のうち、17回で下落している（同じ期間で、ダウ平均は16回、S&P500は17回、ラッセル2000は12回の下落）。

●繰り返し現れる株式市場のサイクルと同じように、休日のトレードにも変化がある。そのパターンはけっして、ぴったり同じにはならない。外的イベントによって、それらのパターンも順調にはいかなくなる。また、それらは人間行動や社会の伝統の変化に応じて、少しずつ変わっていくものだ。

第13章　金曜日には売るな
――相場を動かしているのは今でも人
Don't Sell on Friday

　ストック・トレーダーズ・アルマナックを初めて発行して以来、私たちは株式市場のパフォーマンスを年次、月次、週次、日次、それに30分ごとに調査して、トレンドや傾向の発見に努めてきた。ほぼ半世紀に及ぶリサーチで、月、週、日の始まりと終わりと半ばには重要な意味があると、繰り返し証明されている。

　これはだれにとっても驚きではないはずだ。私たちは生活のほぼすべての局面で、始まりと終わりを非常に重視する。私たちは毎日の単純で決まり切った仕事に始まって、一生を通じてさまざまな出来事の始まりと終わりに出合っては、それらに対処していく。何かの始まりには不安や悲しみや恐れがつきまとうこともあれば、陽気に祝うこともある。終わりについても同様だ。

実は、そうした重要な意味は株式相場にも持ち込まれる。結局のところ、市場が開いているときに毎日、トレードや投資をしているのは人々なのだ。確かに、今ではコンピューターが大きな役割を果たしているが、それがどう動くかをプログラムしたのは人である。

ほとんどの上昇は月曜日と火曜日に生じる

1990年以降、ダウ平均で最も一貫して強気の曜日は月曜日と火曜日であり、最も弱気の曜日は木曜日と金曜日だった。トレーダーたちは翌週まで株を持ちたがらないからだ。この期間に、ダウ平均は月曜日と火曜日を合わせて１万1992.54ドル上昇し、木曜日と金曜日では2677.45ドルの下落をしている。かつては、横ばいや弱気の年には金曜日が最も悪く、月曜日が次に悪かった。強気の年には、月曜日が最も良く、金曜日が次に良かった。**表13.1**では、月曜日が休場のときには火曜日のデータを使い、金曜日が休場のときには木曜日のデータを使っている。

S&P500で最も好まれる月曜日

1952～1989年では、月曜日が最悪の取引曜日だった。**図13.1**では、週初めの取引日（月曜日が休日のときは火曜日を

表13.1　曜日別で見た1990年以降のダウ平均の年間変化率（ドル）

年	月曜日*	火曜日	水曜日	木曜日	金曜日*	年末の終値	年変化率
1990	219.90	−25.22	47.96	−352.55	−9.63	2633.66	−119.54
1991	191.13	47.97	174.53	254.79	−133.25	3168.83	535.17
1992	237.80	−49.67	3.12	108.74	−167.71	3301.11	132.28
1993	322.82	−37.03	243.87	4.97	−81.65	3754.09	452.98
1994	206.41	−95.33	29.98	−168.87	108.16	3834.44	80.35
1995	262.97	210.06	357.02	140.07	312.56	5117.12	1282.68
1996	626.41	155.55	−34.24	268.52	314.91	6448.27	1331.15
1997	1136.04	1989.17	−590.17	−949.80	−125.26	7908.25	1459.98
1998	649.10	679.95	591.63	−1579.43	931.93	9181.43	1273.18
1999	980.49	−1587.23	826.68	735.94	1359.81	11497.12	2315.69
2000	2265.45	306.47	−1978.34	238.21	−1542.06	10786.85	−710.27
2001	−389.33	336.86	−396.53	976.41	−1292.76	10021.50	−765.35
2002	−1404.94	−823.76	1443.69	−428.12	−466.74	8341.63	−1679.87
2003	978.87	482.11	−425.46	566.22	510.55	10453.92	2112.29
2004	201.12	523.28	358.76	−409.72	−344.35	10783.01	329.09
2005	316.23	−305.62	27.67	−128.75	24.96	10717.50	−65.51
2006	95.74	573.98	1283.87	193.34	−401.28	12463.15	1745.65
2007	278.23	−157.93	1316.74	−766.63	131.26	13264.82	801.67
2008	−1387.20	1704.51	−3073.72	−940.88	−791.14	8776.39	−4488.43
2009	−45.22	161.76	617.56	932.68	−15.12	10428.05	1651.66
2010	1236.88	−421.80	1019.66	−76.73	−608.55	11577.51	1149.46
2011	−571.02	1423.66	−776.05	246.27	317.19	12217.56	640.05
2012**	514.63	−21.71	75.52	304.79	121.25	13212.04	994.48
合計	6922.51	5070.03	1143.75	−830.53	−1846.92		10458.84

*月曜日は週の第１取引日、金曜日は週の最終取引日という意味
**2012年３月30日まで

図13.1　S&P500の曜日別パフォーマンス（%、1952/06〜1989/12）

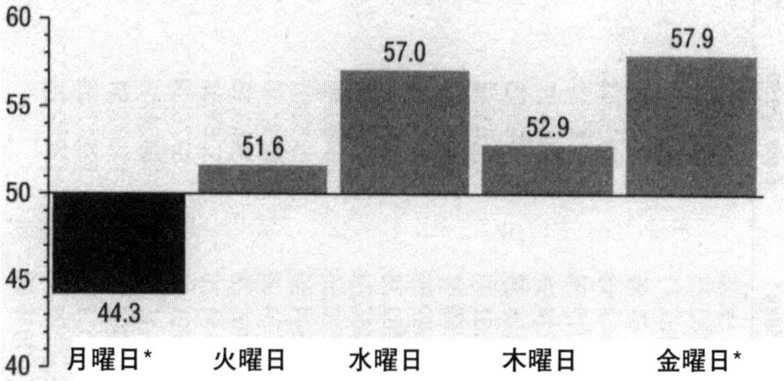

S&P500が前日よりも高く引けた回数に基づく
* 月曜日は週の第１取引日、金曜日は週の最終取引日という意味

含む）は44.3％しか上がっていない。一方、ほかの取引日は平均して54.8％で高く引けた（NYSEの土曜日の取引は1952年６月で終了した）。

図13.2で分かるように、この傾向は1990年に劇的に変わって、月曜日が最も強い曜日になった。しかし、この11年４カ月で見ると、火曜日が最も上昇している。2000年に天井を付けてから、トレーダーは翌週まで株を持つことも、週初めに株を買うことも好まなくなっている。相場に確信を持てない時期には、こうした傾向は珍しくない。2007〜2009年の弱気相場の時期に

図13.2　S&P500の曜日別パフォーマンス（%、1990/01～2012/03/30）

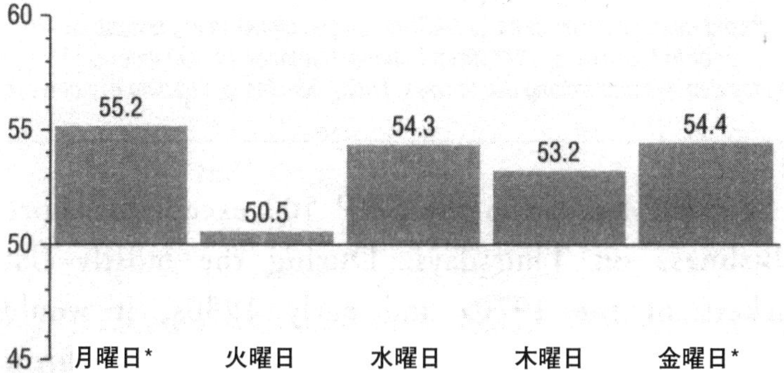

S&P500が前日よりも高く引けた回数に基づく
* 月曜日は週の第１取引日、金曜日は週の最終取引日という意味

は、月曜日が最悪の曜日で、平均して上昇していたのは火曜日だけだった。2009年３月に底を付けて以降は、月曜日が最も良い。

弱気相場に最も影響を受けるのは月曜日と金曜日

相場のトレンドによって、曜日のパフォーマンスが変わるかどうかを判断するために、私たちは22年の弱気相場と38年の強気相場を比べた。強気相場の年でも弱気相場の年でも、火曜日と木曜日はあまり変化しなかったが、月曜日と金曜日は強く影

表13.2　S&P500の曜日別パフォーマンス（%、1952/06～2011）

	月曜日	火曜日	水曜日	木曜日	金曜日
全61年	47.9 %	51.4 %	56.0 %	52.6 %	56.5 %
強気の38年	51.8 %	52.8 %	58.5 %	53.4 %	60.0 %
弱気の22年	41.2 %	48.9 %	51.8 %	51.3 %	50.5 %

水曜日のほとんどは1968年６～12月に付けた終値
月曜日は週の第１取引日、金曜日は週の最終取引日という意味

図13.3　ナスダックの曜日別パフォーマンス（%、1971～1989）

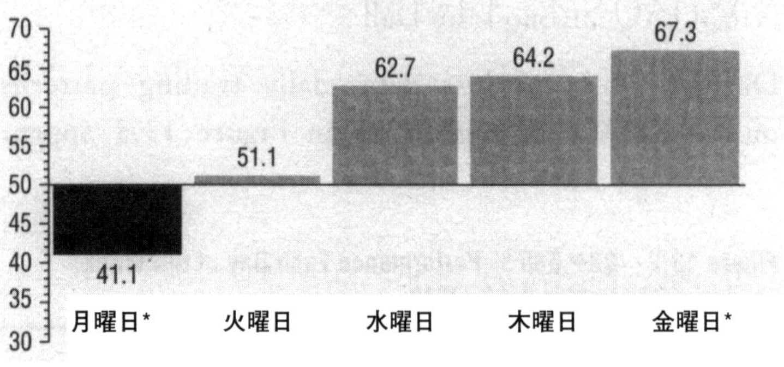

ナスダックが前日よりも高く引けた回数に基づく
* 月曜日は週の第１取引日、金曜日は週の最終取引日という意味

響を受けた。月曜日と金曜日はそれぞれ10.5%と9.5%の変動があった（**表13.2**を参照）。

図13.4　ナスダックの曜日別パフォーマンス（%、1990～2012/03/30）

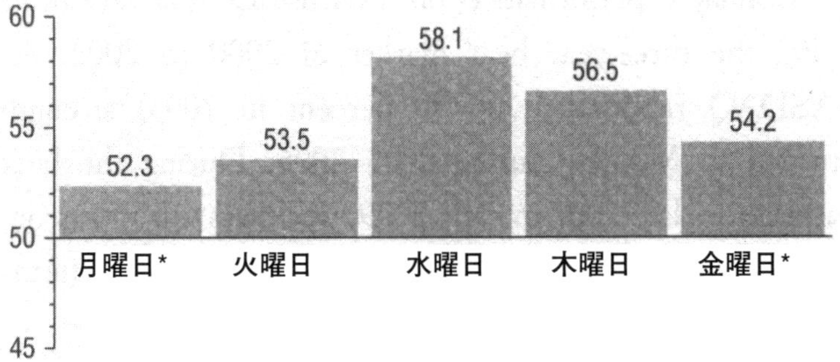

ナスダックが前日よりも高く引けた回数に基づく
* 月曜日は週の第１取引日、金曜日は週の最終取引日という意味

極めて強いナスダック

図13.3のナスダックの曜日別パターンは、1989年までと20年に満たないデータだが、木曜日に強気である点を除いて、S&P500とかなり似ているように見える。

大半が横ばい相場だった1970年代と1980年代初期までは、不安な投資家たちが週末に負けを認めて、月曜日と火曜日に売ろうと決めたようだ。

しかし、**図13.4**を見ると、1990年１月１日から最近までのナスダックとS&P500の曜日別パターンには、はっきりとした違いがある。ナスダックがこれほど強気だった理由は、1990〜2000年に1010％と、ほかの株価指数の３倍以上の上昇をしたからだ。この期間に、S&P500は332％、ダウ平均は326％しか上昇していなかった。

ダウ平均は2000年に天井を付けるとそこからマイナス37.8％、S&P500はマイナス49.1％下落したのに対して、ナスダックのハイテク株はマイナス77.9％もの大幅下落をした。しかしその後は、前回ほどではないものの、優良株や大型株よりも大きく上げた。1971年１月１日〜2012年５月４日までに、ナスダックは3199％という見事な上昇を見せた。それに引き換え、ダウ平均（1454％）とS&P500（1386％）の上昇幅は半分に満たない。

2000〜2002年の３年の弱気相場の間、ナスダックの月曜日のパフォーマンスはさえなかった。ナスダックが反転する（2003年に50％の上昇）と、2003〜2006年の間、再び月曜日が強くなった。2007年後半から2009年前半まで弱気相場が続くと、月曜日と金曜日は一貫して非常に弱かった。現在は、ナスダックの週のパターンはほかの市場と同調し始めている。

トレーダーも昼食をとる

ダウ平均では1987年１月から、30分ごとのデータが入手でき

図13.5　ダウ平均の30分ごとのパフォーマンス（%、1987〜2012/04）

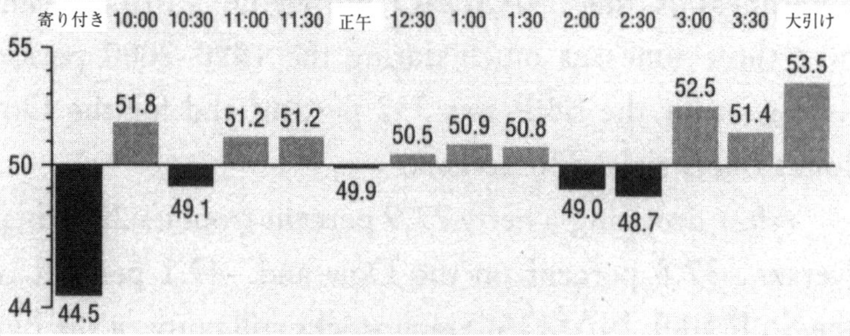

ダウ平均が前の30分よりも上昇した回数に基づく

るようになった。1987〜2012年の30分ごとのパフォーマンスを**図13.5**で見ると、午前早くと午後半ばに弱くて、大引け近くに強いことが分かる。

前の晩か週末にポジションを再評価して、寄り付きで売ろうとするのは、通常含み損を抱えたトレーダーか個人である。証券会社は顧客の株を安く買って、昼食前に押し上げる。

トレーダーも食事をする。ウォール街の関係者が正午から午後２時まで時間を取って昼食をとる間、株価は横ばいになる。この時間帯に、プロは大引けで大きく動こうと考えてポジションを取る。株価は２時か３時まで下げがちになる。機関投資家やプロのトレーダーが大引けにポジションを取り直すので、大引け近くにはほとんどの日で株価が上昇する。

私は1987年１月以降、各曜日の取引を30分ごとに分けて、典型的な週にどのような動きが見られるかを調べた。月曜日には寄り付きから30分の間に急落したあと、次の30分で反転するが、その後は午後３時まで動きがない。月曜日の大引けは最も強く、金曜日の大引けがその次に続く。

週半ばの午前は通常下げるが、なかでも木曜日が最も下げる。金曜日は寄り付きに強くて、大引けまで横ばいか下げがちだ。どの曜日でも、大引け近くに相場は強くなりやすい。そして、寄り付き後と午後２時から２時30分までは上げることが多い。特に、金曜日と月曜日の大引け近くに弱いときは、相場が不安定で下落の恐れがあることを示している場合がある。

まとめ

●恐れや喜びや強欲からは逃れられない。それが現実だ。現在では電子取引が中心になったが、いまだに人の本性から大きな影響を受けているのだ。

●週や日の始まりと終わりに相場が弱ければ、それは人々の自信が揺らいでいるという徴候である。相場が強いときには、いっそう強くなるものだ。

●日常の習慣やパターンは、日中の相場の動きにはっきりとした印を残してきた。

第14章　機が熟したトレードを摘み取る

——季節が適切で、指標が強く、タイミングが完璧なとき

Picking the Ripe Trade

投資という幹線道路には、一度も儲けられなかったトレーダーに乗り捨てられた投資対象が散らばっている。彼らは賢明なトレード法を守らなかったか、そもそもそんなトレード法など持っていなかったのだ。

投資をする人には、資産運用会社に投資を一任する人もいれば、自分で資金を積極的に運用する人もいる。自分がどういう方針で臨むにしろ、相場がどのように動くのかを理解して、より良いトレードや投資判断ができるようになる必要がある。この章で述べる戦略は、トレードに適したサイクルやパターンが生じているかどうか、機は熟しているのか、テクニカル指標の売買シグナルが点灯しているときをどうやって知るかが、いかに分かりやすくて単純かを示すものだ。しかし、まずは過去数十年間にどれほど状況が変わったかを見ておこう。

個人トレーダーにとっての機会

昔は、パターンやサイクルに基づくトレード戦略を実行するのは今よりもはるかに難しかった。それができるのは大手の機関投資家や裕福な投資家、洗練されたトレーダーに限られていた。彼らだけが複雑なデリバティブの取引戦略を立てて投資するか、それらのトレンドを利用するために必要なユニット型投資信託を買えるだけの資金やノウハウを持っていた。

しかし、ETF（上場投資信託）の出現で、個人投資家やトレーダーは事実上すべての指数やセクター、商品、債券、その他の資産クラスに投資できる手段を手にした。例えば、多くの人が注目する、優良株の指数であるS&P500を取り上げてみよう。S&P500は世界で最大かつ最も影響力のある株価指数だ。

1993年以前にS&P500のトレードを行う方法は手数料の高い先物取引、リスクの大きな指数オプション、あるいは証券会社が個人富裕層を対象に提供するユニット・トラストかラップ契約を利用するしかなかった。しかし、その後にETFが発明された。初めて作られたETFはS&P500を裏づけとして発行された。それは全500銘柄を新たなひとつの証券にパッケージ化したものだった。

このETFは通常、スパイダーと呼ばれている。このニックネームは銘柄名（SPDR　S&P500）と取引シンボル（スパイ）

から取られている。SPDRはスタンダード・アンド・プアーズ預託証券という意味だ。これは一般の人が証券取引所で自由に売買できるユニット型投資信託である。１単位はS&P500指数の10分の１の価値を持つ。だから、S&P500指数１枚に1400ドルを払う代わりに、140ドルでスパイを買うことができるのだ。

投資やトレードの戦略で用いられる投資期間は人によってさまざまだ。私はいかに想像をたくましくしてもデイトレーダーとは言えないが、それでも長期保有すべき時期もあれば、もっと積極的にトレードすべき時期もあると考えている。ことわざにもあるように、「上げ潮はすべての船を持ち上げる」。それで、より短期のポートフォリオの入れ替え戦略に入る前に、大局――相場はより長期的なサイクルのどこに位置しているか――について、明確な理解をしておくことが大切だ。それによって、全体的に見てどれほど積極的にトレードすべきか、あるいは慎重にトレードすべきかが分かるだろう。

ETPとは何か？

ETP（上場取引型金融商品）とは、ほかの投資対象をベンチマークとする証券である。それらは指数や商品、通貨、株式のバスケット、債券などに連動して動くものもあれば、アクティブ運用のファンドに連動するものもある。ETPは主要な証券取引所で立会時間中に値付けされていて、取引ができる。ETPには、ETF（上場投資信託）、ETV（上場投資商品）、ETN（指標連動証券）、ETC（上場投資証書）などが含まれる。

このなかで最も広く利用されていて、種類も豊富なのはETFである。それらは実際に株価指数、商品、通貨、またはその他の資産のバスケットに連動する資産を保有しているが、株式と同じように売買できる。ETFによって指数ファンドの分散投資が可能になった。また、ETFは日中に取引ができるうえに、空売りや信用取引やオプション取引もできる。さらに、一般の投資信託よりも手数料がはるかに安い。

ETNはこれとは少し異なる。ETNも株式と同じように主な証券取引所で日中取引ができるが、それらは上位、無担保の債務証券である。発行会社の信用格付けはETNの価値に影響を与える可能性がある。ETNには債券とETFの両面がある。投資家はETNを債券のように満期まで保有して、元本に等しい現金を受け取ることもできる。信頼できる会社が発行したものであれば、ETNは極めて効率的なこともある。特に商品やVIX（恐怖指数）のようなボラティリティ指数のトレードを行うときにはそう言える。

ETVはオープン・エンド型、担保付きの債務証券で、複数のマーケットメーカーを通じていつでも発行や償還が可能である。

何にでも旬の季節はある

アメリカがベトナム戦争に耐えられなくなり、ニクソン大統領が金本位制からの離脱を決めて、OPEC（石油輸出国機構）が石油禁輸を行った1970年代に、私の父はこの弱気の長期トレンドが大底を付けたと最初に宣言した。私はまだ８歳だったが、1974年10月に発行された父のニュースレターの大見出しをけっして忘れない。「買い！　買い！　買い！……」と、１面トップに18回も繰り返されていたからだ。

年を経て、私は父の仕事を最初から最後まですべて学んだ。

初めて年間予測をした2001年12月から毎年、私は相場の動きの分析や予測をして、ありがたいことに相当の成功を収めてきた。これらの予測やその年の相場が、予測したサイクルのどこに位置するかを絶え間なく再評価することで、トレードの指針にすることができる。今の相場がサイクルのどこにあるかを見極めたら、ファンダメンタルズやテクニカル分析に基づく戦術を使って、どこで売買すればよいかを確かめることだ。

季節性に基づくトレードのリスト（**表14.1**と**表14.2**）は過去10年の間に非常に洗練されたものになった。有効性が薄れたものは取り除き、新しく現れたものを含めたからだ。このリストを使って、あなたが選んだ銘柄の保有額やトレード法、戦略が、トレードや投資をしたいと考えている市場やセクターと矛盾しないか確かめておくことが大切である。

レンジ相場のときでも、私が2017年か2018年に始まると予想している長期の強気相場のときでも、季節性を利用したトレードならうまくいく。数年後に弱気の長期トレンドが終わったと公式に宣言されたら、かつての強気相場のときのように、たっぷりと株を買えばよい。株式売買益や配当が増えるように長期投資をするにしろ、短期的なトレード戦術を用いるにしろ、次に述べる戦略でパフォーマンスはきっと良くなるはずだ。

私は2011年３月に初めて、15年後（現在では**図4.1**にあるように13年後）までのダウ平均の予測をまとめて、2025年までにダウ平均が３万8820ドルに達するという超大型好況の予測をした。その際、現在のイベントや状況だけでなく、本書で述べた長期的なサイクルも考慮に入れた。また、当時の相場、地政学的な計画で分かっていたこと、ファンダメンタルズ、世界的な経済状況も考慮している。過去１年ほどの相場は、私が行った予測にかなり近い展開を見せている。ダウ平均は2011年に１万ドルを付けることも下抜けすることもなかったが、それにかなり近く、2011年10月４日の日中に約１万0400ドルまで下げた。

私は年間予測でも同様の手法を使っている。相場が長期サイクルのどこに位置するかも考慮しているが、短期的な経済データ、季節性の強さ、市場の状況のほうにより重きを置いている。私は出版のためだけに年間予測と長期予測をしているわけではない。これらの予測や見通しは私のトレードの基本や枠組みにもなっている。しかし、私はこれらの見通しにしがみつきはしないし、正当化できる状況があれば立場を変えるのもやぶさかではない。

例えば、2008年のことだった。季節性は2007年後半から2008年前半までまったく不調だった。ベア・スターンズが破綻すると、私は即座に撤退して、すべてを現金化した。私は2008年３月に、不況と弱気相場が進行中だと断言した。その後、ダウ平均が7500ドルを付けた11月に、私は強気になり始めた。投資やトレードの判断に株式相場のサイクル分析を加えたときの効果

表14.1　株式セクター指数の季節性に基づく最も良いパフォーマンスの良いトレード

ティッカー	セクター指数	トレード法	季節性			
			始まり		終わり	
XCI	コンピューター技術	空売り	1月	B	3月	B
IIX	インターネット	空売り	1月	B	2月	E
XNG	天然ガス	買い	2月	E	6月	B
RXP	ヘルスケア用品	買い	3月	M	6月	M
RXH	医療サービス	買い	3月	M	6月	M
MSH	ハイテク	買い	3月	M	7月	B
XCI	コンピューター技術	買い	4月	M	7月	M
IIX	インターネット	買い	4月	M	7月	B
CYC	循環株	空売り	5月	M	10月	E
XAU	金と銀	空売り	5月	M	6月	E
S5MATR*	素材	空売り	5月	M	10月	M
BKX	金融	空売り	6月	B	6月	B
XNG	天然ガス	空売り	6月	M	6月	E
XAU	金と銀	買い	7月	E	12月	E
DJT	輸送	空売り	7月	M	10月	M
UTY	公益事業	買い	7月	E	1月	B
BTK	バイオテクノロジー	買い	8月	B	3月	B
RXP	ヘルスケア用品	買い	8月	B	2月	B
MSH	ハイテク	買い	8月	M	1月	M

IIX	インターネット	買い	8月	B	1月	B
SOX	半導体	空売り	8月	M	10月	E
CMR	消費財	買い	9月	E	6月	B
RXH	医療サービス	空売り	9月	M	11月	B
XOI	石油	空売り	9月	B	11月	E
BKX	金融	買い	10月	B	5月	B
XBD	証券会社	買い	10月	B	4月	M
XCI	コンピューター技術	買い	10月	B	1月	B
CYC	循環株	買い	10月	B	5月	M
RXH	医療サービス	買い	10月	E	1月	M
S5MATR*	素材	買い	10月	M	5月	M
DRG	医薬	買い	10月	M	12月	B
RMZ	不動産	買い	10月	E	5月	B
SOX	半導体	買い	10月	E	12月	B
XTC	長距離通信	買い	10月	M	12月	E
DJT	輸送	買い	10月	B	5月	B
XOI	石油	買い	12月	M	7月	B

B＝初旬、M＝中旬、E＝下旬
* S5MATRはbloomberg.comで入手可能
出所＝ストック・トレーダーズ・アルマナック

表14.2　商品の季節性に基づく最もパフォーマンスの良いトレード

商品	限月	年	取引日	保有日数
1月				
S&P500の天井（空売り）	H	1983-2011	2	12
ユーロの天井（空売り）	H	1999-2011	3	24
小麦の天井（空売り）	N	1970-2011	3	85
S&P500の底（買い）	H	1983-2011	15	7
2月				
30年債の天井（空売り）	M	1978-2011	3	44
円の底（買い）	M	1977-2011	6	62
大豆の底（買い）	N	1969-2011	9	73
原油の底（買い）	N	1984-2011	10	60
金の天井（空売り）	J	1975-2011	13	17
砂糖の天井（空売り）	K	1973-2011	13	45
天然ガスの底（買い）	N	1973-2011	14	39
	N	1991-2011	16	41
3月				
ココアの天井（空売り）	N	1973-2011	10	23
円の天井（空売り）	M	1977-2011	10	14
ユーロの天井（空売り）	M	1999-2011	11	9
英ポンドの底（買い）	M	1976-2011	15	22
4月				
30年債の底（買い）	U	1978-2010	18	81
S&P500の底（買い）	U	1982-2010	18	28
5月				
牛の天井（空売り）	V	1976-2010	2	30
銅の天井（空売り）	N	1973-2011	8	13
銀の天井（空売り）	N	1973-2010	10	29
コーヒーの天井（空売り）	U	1974-2010	16	54
英ポンドの天井（空売り）	U	1975-2010	20	8

表14.2　商品の季節性に基づく最もパフォーマンスの良いトレード

商品	限月	年	取引日	保有日数
6月				
30年債の底（買い）	U	1978–2010	2	10
ココアの底（買い）	U	1973–2010	2	24
大豆の天井（空売り）	U	1970–2010	5	36
小麦の底（買い）	Z	1970–2010	6	105
砂糖の底（買い）	V	1975–2010	11	32
牛の底（買い）	J	1970–2010	14	160
コーンの天井（空売り）	U	1970–2010	18	25
英ポンドの底（買い）	U	1975–2010	20	16
7月				
S&P500の天井（空売り）	U	1982–2010	10	7
天然ガスの底（買い）	X	1990–2010	17	62
ココアの天井（空売り）	Z	1973–2010	18	70
8月				
スイスフランの底（買い）	Z	1975–2010	6	48
コーヒーの底（買い）	Z	1974–2010	12	13
コーヒーの底（買い）	Z	1973–2010	14	24
金の底（買い）	Z	1975–2010	18	25
9月				
ユーロの底（買い）	Z	1999–2010	5	16
原油の天井（空売り）	G	1983–2010	8	62
ココアの天井（空売り）	Z	1973–2010	10	33
英ポンドの底（買い）	Z	1975–2010	12	33
10月				
銀の天井（空売り）	Z	1972–2010	4	17
円の天井（空売り）	H	1976–2010	12	78
大豆の底（買い）	F	1968–2010	16	12
ユーロの底（買い）	H	1999–2010	18	47
S&P500の底（買い）				

表14.2　商品の季節性に基づく最もパフォーマンスの良いトレード

商品	限月	年	取引日	保有日数
S&P500の底（買い）	H	1982–2010	19	41
コーンの底（買い）	N	1968–2010	20	133
11月				
豚赤身の底（買い）	G	1969–2010	2	13
ココアの底（買い）	H	1972–2010	4	34
金の底（買い）	G	1975–2010	13	10
30年債の天井（空売り）	M	1977–2010	14	107
スイスフランの底（買い）	H	1975–2010	18	24
12月				
小麦の底（買い）	K	1970–2010	5	20
コーンの底（買い）	N	1970–2010	6	22
銅の底（買い）	K	1972–2010	10	47
英ポンドの天井（空売り）	M	1975–2010	19	56
スイスフランの天井（空売り）	H	1975–2010	19	41

注＝F＝1月、G＝2月、H＝3月、J＝4月、K＝5月、M＝6月、N＝7月、Q＝8月、U＝9月、V＝10月、X＝11月、Z＝12月
出所＝コモディティ・トレーダーズ・アルマナック

はけっして侮れないのだ。

タイミングがすべて

それで、利を伸ばして早く損切りをするために、相場のサイ

クルやファンダメンタルズ、タイミングをどう組み合わせればよいだろうか。まず何よりも、株を買うのに最高の月は10月である。第２に、私の知るかぎり、統計的に最も安定していて、最も単純な株のトレード戦略は、私が最高の６カ月での切り替え戦略と名づけたものである。

株式相場についてある程度の知識があるほとんどの人は、「５月に売って、相場を離れなさい」という言葉を耳にしたことがある。それは「５月に売って、相場から離れて、セントレジャーの日に戻りなさい」という古いイギリスのことわざからきたものだ。1776年に始まったセントレジャーステークスは１年の最後を飾る平地競走の競馬であり、イギリス三冠の最終戦である。明らかに、だれもが再び本腰を入れて株を買い始めることができるのは、イギリスの競馬シーズンが終わってからになる。

セントレジャーステークスは株式相場の季節性とはほとんど無関係だが、株にとっての最悪の数カ月とも確かに一致する。私たちは相場のほとんどの上昇が11月から４月までの６カ月間に起きる、と長年にわたって証明してきた。10月か11月に買わなければ、５月、あるいはもっと望ましくは４月に売る株もないだろう。私の言う最高の数カ月での切り替え戦略を用いても、ほかの戦略が主張するように、すぐに大金持ちになるわけではない。

しかし、それに従えば、バイ・アンド・ホールド手法の半分以下のリスクで、ゆっくりとだが着実に資金を増やしていけるだろう（最高の６カ月での切り替え戦略について、詳しくは第６章を読み直してほしい。これは本当にうまくいくのだから！）。

買いと売りという言葉を使うと、混乱を招くことがよくある。これらは文字どおりに解釈されやすいが、必ずしもそうとは限らない。私たちが秋の買い推奨や春の売り推奨を正式に行ったときに、個人投資家やトレーダーがどういう行動を取るかは、その人の目標やリスク許容度によって変わる。

私たちの切り替え戦略、あるいは「乗り降り手法」をもっと慎重に行いたければ、株を保有する時期と、資金を現金か債券に移す時期とを決めて、切り替えるだけにすればよい。最高の数カ月の間は株に集中投資するのだ。株に簡単かつ少ない資金で投資するには、指数連動型のETFや投資信託を利用すればよい。最悪の数カ月の間には、株に投資していた資金を現金化するか、債券に投資するETFや投資信託を買えばよい。

これは、小さなリスクで着実に一貫して資金を増やすことを目標にしている年金口座で、非常にうまくいく手法だ。ほかにも利点がある。蓄えを安全な現金か債券に換えておけば、株式相場の乱高下を心配する必要がないので、おそらく夏休みや夏のレジャーもずっと楽しめるだろう。1950年以降、ダウ平均が最高の６カ月の間に上昇しなかったのは９年しかなかったのだ。

もうひとつの手法では、ポートフォリオをもっと計算して調整する必要がある。最高の数カ月の間に相場が上昇すると予想できるなら、さらにリスクをとってもよい。最悪の数カ月の間にはリスクを減らす必要があるが、リスクをまったくとらないわけでもない。過去10年間には2003年や2009年のように、最悪の数カ月でも相場が強い年が何度かあった。この手法は乗り降り手法に似ているが、株をすべて手仕舞うのではなく、守りの態勢に入るのだ。

株価が低迷しているかパフォーマンスが劣っているポジションは手仕舞ってもよいし、損切りのストップ注文を現在の株価に近づけたり、新規の買いを減らしたりしてもよい。また、ヘッジ取引をすることもできる。夏に浅押しするはずだった相場が、もっと厳しいものになって、本格的な弱気相場などに陥っても、株価指数のプットオプションでアウト・オブ・ザ・マネーのものを買い、債券をもっと増やして、ベアファンドを買っておけば、持ち株の損失をある程度は埋め合わせられるだろう。

一般的に言って、最高の数カ月にはダウ平均、S&P500、ナスダックの構成に近くなるように、投資したほうがよい。これらは一般的に、時価総額の大きな成長株と割安株、それにテクノロジー関連株である。保有しているETFや投資信託を指数連動型のものと比べて見直せば、うまく相関させることができる。最悪の数カ月の間には、債券かMMF（マネー・マーケット・ファンド）かベアファンドに切り替えればよい。

指標をじっくりと観察する

ここでのポイントは、私たちの最高の６カ月戦略のようなツールに加えて、売買タイミングの判断を裏づけるかその助けとして、テクニカル指標を使うほうがよいということだ。４月か10月に入ったら、売買シグナルの確認のために指標を追いかけ始めるのだ。

MACD（移動平均収束拡散指標）は『アペル流テクニカル売買のコツ』の著者であるジェラルド・アペルが考案して一般に広めた指標であり、大衆のセンチメントに敏感に反応して、トレンドが継続するか反転するかを早く知る手掛かりになる。彼によると、この指標は急落後の仕掛けポイントのシグナルとして使うとき、特に信頼できる。MACDは株式市場全体にも個別株にも投資信託にも使える。

MACDでは、３本の指数移動平均線を使う。短期あるいは動きが速い指数移動平均線、長期あるいは動きが遅い指数移動平均線、それにこれら２つの移動平均の差（＝MACD）の指数移動平均線で、これはシグナルラインとして使う（単純移動平均と指数移動平均の違いについては、あとの説明を参照してほしい）。

●MACDは市場の各指数や株が、買われ過ぎているときや売られ過ぎているときを明らかにして、トレンドの反転をかなりの精度で予測するシグナルとなる。

●MACDはほかの移動平均線と比べて、ちゃぶつきが少ない。

●MACDは次のように表記されることがある。例えば、「８－17－９MACD」は、８日か８週の短期移動平均線、17日か17週の長期移動平均線、９日か９週の指数移動平均線を使っている（日を使うか週を使うかは、株式チャートの期間による。これは、各データ点の頻度によりけりで、月でも分でもほかのどんな期間でも可能だ）。

●ジェラルド・アペルは買いシグナル一般には８－17－９MACDを勧めて、非常に強い動きを続けた株の売りシグナルには12－25－９MACDを勧めている。

●この指標の精度がたとえ良くても、単一の指標だけに頼るべきではない。投資判断を下す前に、できるだけ多くのテクニカル指標やファンダメンタル指標を調べる必要がある。

ところで、指数移動平均線とは何だろうか？

単純移動平均線は、一定期間（例えば30日）の株の終値を合計して、その数字を日数（この場合は30）で割って計算する。その結果が平均である。平均が移動するためには、直近の終値を前の合計に足して、その合計で使っていた最も古い終値を引く。そして、新しい合計を移動平均の日数で割るという具合に、この手順を繰り返していく。

株価や株価指数の上昇・下降トレンドの変化を判断するには、それらの移動平均線自体の方向の変化だけでなく、株価や株価指数が移動平均線を交差することでも見ることができる。移動平均線の理論によると、株価がその移動平均線を下に抜けると、上昇相場から下降相場に変化したシグナルとなる。逆に、株価がその移動平均線を上に抜けると、下降トレンドが終わったシグナルとなる。

単純移動平均線の弱点は、極端な高値や安値があると、その株の本当の価値がゆがめられて、ダマシの買いや売りのシグナルを出したり、急な動きをしたりする可能性があるという点だ。

極端な高値や安値によってゆがみが生じないように、指数移動平均線では古い終値よりも新しい終値にウエートを置く。多くのテクニカルアナリストは、単純移動平均線よりも指数移動平均線のほうが正確な指標だと考えている。

それでは何がシグナルになるのだろうか？

- ●MACDラインが基準線の下にある売られ過ぎの状態で、シグナルラインを上に抜けると買いシグナルとなる。
- ●MACDラインが基準線の上にある買われ過ぎの状態で、シグナルラインを下に抜けると売りシグナルとなる。
- ●MACDは基準線から遠いときに、重要なシグナルとなる。

MACDラインが基準線から遠いということは、大衆がトレンドに感情的な反応をしているということを表す。したがって、大衆が反対方向で急増して、MACDラインがシグナルラインと交差するとき、その動きは強いということだ。一方、基準線の近くで交差した場合、大衆は無関心で感情的ではないということを表すので、実り多い動きにはつながらないことが多い。

- MACDラインとシグナルラインがどれほど離れているかは重要だ。それが大きいほど、シグナルが強いからだ。

MACDは売買判断の助けになる多くのテクニカル指標のひとつにすぎない。コツは自分に合う指標を複数見つけることだ。そして、いったんうまくいけば、それに従うほうがよい。時期に合わせて、ほかの指標を加えるか、もっと明確なシグナルに変えることはいつでも可能だ。

健全な規律を持つ

最後に覚えておこう。まず、市場か株に適切なパターンがしっかりと出来上がっていて、トレードのセットアップができているかを確認しなければならない。現在の相場つきや割安度から見て、そのトレードがファンダメンタルズの面で健全かどうかは常識で分かるはずだ。その後に、単純なテクニカル指標を使って、トレードを実行すればよい。

　これらのテクニックは、すべての投資判断で使える。相場のサイクルとは関係なく、あなたの好きな株に使うこともできるし、好みのセクターから株を選ぶときにも使える。また、これは市場全体のタイミングを計るときでも役に立つ。あなたが健全な投資判断をして、上手にトレードを行い、ポートフォリオを守りながら資産を増やせることを祈っている！

謝辞

この企画のために援助を惜しまなかった、リサーチ部長であり共同経営者でもあるクリストファー・ミスタルに感謝する。

また、ジョン・ワイリー社の方々、特にいつも支えてくれたケビン・カミンズ、パメラ・バン・ギーセン、ジョーン・オニールにも感謝したい。編集や原稿を仕上げるために、賢明かつたゆまずに努力をしてくれたメグ・フリーボーン、そして、この企画を最後まで注意深く見届けてくれたロビン・ファクターとステイシー・フィッシュケルタにも感謝する。

■著者紹介

ジェフリー・A・ハーシュ（Jeffrey A. Hirsch）

マグネット・AE・ファンドのチーフ・マーケット・ストラテジストであり、ハーシュ・オーガニゼーションの社長である。また、ストック・トレーダーズ・アルマナックの編集長であり、コモディティ・トレーダーズ・アルマナックの共同執筆者でもある。彼は20年以上、創業者のイェール・ハーシュと共に働き、2001年にその仕事を引き継いだ。CNBC、CNN、ブルームバーグ、FOXビジネスなど、多くの内外のテレビにたびたび出演して、市場の周期性、季節性、トレードのパターンや予測、歴史の推移について解説をしている。また、投資家へのアラートや市場データ、リサーチ用ツールを含む、オンライン版の会費制アルマナック・インベスターの編集も行っている。

■監修者紹介

長尾慎太郎（ながお・しんたろう）

東京大学工学部原子力工学科卒。日米の銀行、投資顧問会社、ヘッジファンドなどを経て、現在は大手運用会社勤務。訳書に『魔術師リンダ・ラリーの短期売買入門』『新マーケットの魔術師』『マーケットの魔術師【株式編】』（いずれもパンローリング、共訳）、監修に『高勝率トレード学のススメ』『フルタイムトレーダー完全マニュアル』『新版　魔術師たちの心理学』『コナーズの短期売買実践』『システムトレード 基本と原則』『一芸を極めた裁量トレーダーの売買譜』『裁量トレーダーの心得 初心者編』『裁量トレーダーの心得 スイングトレード編』『ラリー・ウィリアムズの短期売買法【第2版】』『コナーズの短期売買戦略』『株式売買スクール』『損切りか保有かを決める最大逆行幅入門』『続マーケットの魔術師』など、多数。

■訳者紹介

山口雅裕（やまぐち・まさひろ）

早稲田大学政治経済学部卒業。外資系企業などを経て、現在は翻訳業。訳書に『フィボナッチトレーディング』『規律とトレンドフォロー売買法』『逆張りトレーダー』『システムトレード 基本と原則』『一芸を極めた裁量トレーダーの売買譜』『裁量トレーダーの心得 初心者編』『裁量トレーダーの心得 スイングトレード編』『コナーズの短期売買戦略』『続マーケットの魔術師』（パンローリング）など。

2013年4月3日　初版第1刷発行
2018年7月1日　　　第2刷発行
2020年4月1日　　　第3刷発行

ウィザードブックシリーズ 204

アノマリー投資
——市場のサイクルは永遠なり

著　者　ジェフリー・A・ハーシュ
監修者　長尾慎太郎
訳　者　山口雅裕
発行者　後藤康徳
発行所　パンローリング株式会社
〒160-0023　東京都新宿区西新宿7-9-18-6F
TEL 03-5386-7391　FAX 03-5386-7393
http://www.panrolling.com/
E-mail　info@panrolling.com
編　集　エフ・ジー・アイ（Factory of Gnomic Three Monkeys Investment）合資会社
装　丁　パンローリング装丁室
組　版　パンローリング制作室
印刷·製本　株式会社シナノ

ISBN978-4-7759-7171-2

マーク・ダグラス (Mark Douglas)

トレーダー育成機関であるトレーディング・ビヘイビアー・ダイナミクス社社長。自らの苦いトレード体験と多くのトレーダーたちの経験を踏まえて、トレードで成功できない原因とその克服策を提示。最近は大手商品取引会社やブローカー向けに、心理的テーマや手法に関するセミナーを開催している。

ゾーン オーディオブックあり

定価 本体2,800円+税
ISBN:9784939103575

規律とトレーダー オーディオブックあり

定価 本体2,800円+税
ISBN:9784775970805

本国アメリカよりも熱烈に迎え入れられた『ゾーン』は刊行から10年たった今も日本の個人トレーダーたちの必読書であり続けている！

アリ・キエフ (Ari Kiev)

スポーツ選手やトレーダーの心理ケアが専門の精神科医。ソーシャル・サイキアトリー・リサーチ・インスティチュートの代表も務め、晩年はトレーダーたちにストレス管理、ゴール設定、パフォーマンス向上についての助言をし、世界最大規模のヘッジファンドにも永久雇用されていた。2009 年、死去。

世界最高のトレーダーのひとりであるスティーブ・コーエンが心酔して自分のヘッジファンドであるSACキャピタルに無期限で雇った！

トレーダーの心理学

定価 本体2,800円+税
ISBN:9784775970737

アリ・キエフのインタビューを収録！

マーケットの魔術師［株式編］増補版

定価 本体2,800円+税
ISBN:9784775970232

バン・K・タープ博士 (Van K. Tharp, Ph.D.)

コンサルタントやトレーディングコーチとして国際的に知られ、バン・タープ・インスティチュートの創始者兼社長でもある。マーケットの魔術師たちの共通点を洗い出し、そのエッセンスを体系化することに成功。それらは『新版 マーケットの魔術師』（パンローリング）にまとめられた。
そのほかこれまでトレーディングや投資関連の数々のベストセラーを世に送り出してきた。講演者としても引っ張りだこで、トレーディング会社や個人を対象にしたワークショップを世界中で開催している。またフォーブス、バロンズ、マーケットウイーク、インベスターズ・ビジネス・デイリーなどに多くの記事を寄稿している。
主な著書に『新版 魔術師たちの心理学』『魔術師たちの投資術』（いずれもパンローリング）などがある。

ウィザードブックシリーズ134

新版 魔術師たちの心理学

トレードで生計を立てる秘訣と心構え

定価 本体2,800円+税　ISBN:9784775971000

儲かる手法（聖杯）はあなたの中にあった!! あなただけの戦術・戦略の編み出し方がわかるプロの教科書！「勝つための考え方」「期待値でトレードする方法」「ポジションサイジング」の奥義が明らかになる！ 本物のプロを目指す人への必読書！ マーケットを瞬時にして支配するためのシステムはだれにでも手に入れることができることを明らかにした『魔術師たちの心理学』の待望の第2版がついに登場！ 現在のマーケット環境に照らし、今の時代にマッチした内容に大刷新されたこの第2版はさらにパワーアップ、成功するトレーディングに対するあなたの考え方を根底からくつがえすに違いない。

ウィザードブックシリーズ160

ポジションサイジング入門

定価 本体2,800円+税　ISBN:9784775971277

普通のトレーダーからスーパートレーダーへ変身する近道！ 読者にトレーディングをビジネスととらえさえ、企業経営者の立場でトレーディングにアプローチするように養成していく。つまり、現実を見据え、体系的かつ情熱的にトレーディングに挑む姿勢を養うということである。何十年にもわたる経験をシステムとして確立することで、すべての人にマーケットの達人への道を切り開いたのが本書である。タープの知識、大局観、戦略的テクニックはいまやトレーディングの世界では伝説となっている。スーパートレーダーへの道は本書を手に取り、タープが言わんとすることを理解し、実践することが一番の早道である！

ウィザードブックシリーズ 264

新訳 バブルの歴史

最後に来た者は悪魔の餌食

エドワード・チャンセラー【著】

定価 本体3,800円+税　ISBN:9784775972335

「バブル」という人間の強欲と愚行と狂気を描いた古典！

本書は17世紀から現在に至るまでの株式市場における投機の歴史を生き生きと描き出したほかに類を見ない魅力的な書である。投機の精神の起源を古代ローマにまでさかのぼり、それが近代世界によみがえった様子を年代順に、分かりやすくまとめている。金メッキ時代から狂騒の1920年代、19世紀の鉄道狂時代から1929年のウォール街大暴落、ジャンクボンド王のマイケル・ミルケンに代表されるカウボーイキャピタリズムや、日本のバブルであるカミカゼ資本主義、現代の情報時代に生まれたデイトレーダーまで、いつの時代にも存在した、またこれからも存在するであろう人間の飽くなき強欲と愚行と狂気の結末を描いた興味深い1冊！

ウィザードブックシリーズ 226

アメリカ市場創世記

1920-1938年大恐慌時代のウォール街

ジョン・ブルックス【著】

定価 本体2,200円+税　ISBN:9784775971932

ウォール街が死んだ日の迫真のノンフィクション。歴史を見れば、未来が見える

ビジネス作家のなかでも傑出した一人であるジョン・ブルックスが、史上最もよく知られた金融市場のドラマである1929年の世界大恐慌とその後遺症の雰囲気を完璧に伝えているのが本書である。

本書は戦争をはさんだ時代に起きたウォール街の盛衰と痛みを伴う再生を描いた劇的な年代記だ。この時代に生きた最も印象的なトレーダー、銀行家、推進者、詐欺師の人生と運命に焦点を当て、好景気にわいた1920年代の貪欲、残忍さ、見境のない高揚感、1929年の株式市場の大暴落による絶望、そしてそのあとの苦悩を生き生きと描き出している。